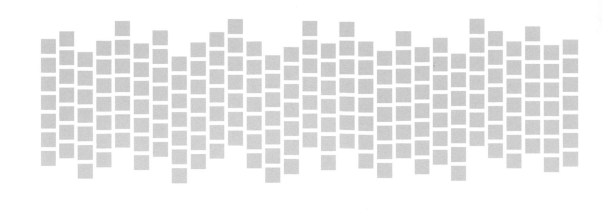

民權初步

孫文 著

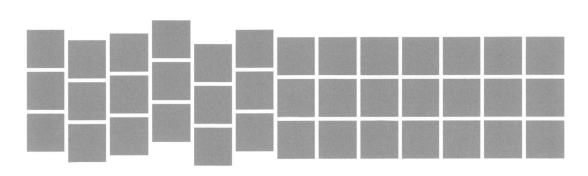

民權何由而發達？則從固結人心，糾合群力始；而欲固結人心，糾合群力，又非從集會不為功。是集會者，實為民權發達之第一步。

三民書局

國家圖書館出版品預行編目資料

民權初步／孫文著.——七版三刷.——臺北市：三民，2022
面；　公分

ISBN 978-957-14-6156-4（平裝）
1. 孫中山思想

005.138　　105008128

民權初步

作　　者｜孫　文
發 行 人｜劉振強
出 版 者｜三民書局股份有限公司
地　　址｜臺北市復興北路 386 號 (復北門市)
臺北市重慶南路一段 61 號 (重南門市)
電　　話｜(02)25006600
網　　址｜三民網路書店 https://www.sanmin.com.tw

出版日期｜初版一刷 1969 年 4 月
七版一刷 2016 年 5 月
七版三刷 2022 年 10 月
書籍編號｜S000060
I S B N｜978-957-14-6156-4

三民書局

弁　言

孫文先生的《民權初步》，原名為《會議通則》，自初版至今，將步向百年。孫先生在自序中提到，民權發達之伊始，要由集會來固結人心。因此，這是一本教導國民如何貫通會議妙用，以踏出民權第一步的著作。

回首來時路，民權的發展曾經舉步維艱。但隨著民智漸開，政經局勢日趨明朗，民權已非遠昔的奢望，但離理想仍有一段距離要走。本局於民國五十八年出版《民權初步》，是我們與歷史共進的第一步；今日，本局希望透過再版，重新回顧前人的足跡，方能在莫測的時局中，自信地繼續前行。

此次再版，除了將漫漶的銅版鉛字改為清晰的電腦字體，還調整為較大的開本，讓字級、字距、行距得以舒張，適於閱讀。此外，版式增添充足的餘白空間，供讀者留下提點的註記。讀者先進若對本書有任何寶貴意見，亦請賜告本局編輯部，以利改進，是所至禱。

三民書局編輯部　謹識

自序

中華民族，世界之至大者也，亦世界之至優者也。中華土地，世界之至廣者也，亦世界之至富者也。然而以此至大至優之民族，據此至廣至富之土地，會此世運進化之時，人文發達之際，猶未能先我東鄰而改造一富強之國家者，其故何也？民力不凝結也。

中國四萬萬之眾，等於一盤散沙，此豈天生而然耶？實異族之專制有以致之也！在滿清之世，集會有禁，文字成獄，偶語棄市，是人民之集會自由、出版自由、思想自由，皆已削奪淨盡，至二百六十餘年之久，種族不至滅絕，亦云幸矣！豈復能期其人心固結，群力發揚耶？

乃天不棄此優秀眾大之民族：其始也，得歐風美雨之吹沐；其繼也，得東鄰維新之喚起；其終也，得革命風潮之震蕩。遂一舉而推覆異族之專制，光復祖宗之故業；又能循世界進化之潮流，而創立中華民國。無如國體初建，民權未張，是野心家竟欲覆民政而復帝制；民國五年，已變為洪憲元年矣。所幸革命之元氣未消，新舊兩派皆爭相反對帝制自為者，而民國乃得中興。今後民國前途之安危若何，則全視民權之發達如何耳。

何為民國？美國總統林肯氏有言曰：「民之所有，民之所治，民之所享。」此之謂民國也。何謂民權？即近來瑞士國所行之制：民有選舉官吏之權，民有罷免官吏之權，民有創制法案之權，民有複決法案之權，此之謂四大民權也。必具有此四大民權，方得謂為純粹之民國也。革命黨之誓約曰：「恢復中華，創立民國。」蓋欲以此世界至大至優之民族，而造一世界至進步、至莊嚴、至富強、至安樂之國家，而為民所有、為民所治、為民所享者也。

今民國之名已定矣。名正則言順，言順則事成，而革命之功亦以之而畢矣。此後顧名思義，循名課實，以完成革命志士之志，而造成一純粹民國者，則國民之責也。蓋國民為一國之主，為統治權之所出，而實行其權者，則發端於選舉代議士，倘能按部就班，以漸而進，由幼稚而強壯，民權發達，則純粹之民國可指日而待也。

民權何由而發達？則從固結人心，糾合群力始；而欲固結人心，糾合群力，又非從集會不為功。是集會者，實為民權發達之第一步。然中國人受集會之厲禁，數百年於茲，合群之天性殆失，是以集會之原則、集會之條理、集會之習慣、集會之經驗，皆闕然無有。以一盤散沙之民眾，忽而登彼於民國主人之位，宜乎其手足無措，不知所從；所謂集會，則烏合而已。是中國之國民，今日實未能行民權之第一步也。

然則何為而可？吾知野心家必曰：非帝政不可；曲學者必曰：非專制不可。不知國猶人也，人之初生，不能一日而舉步；而國之初造，豈能一時而突飛？孩提之學步也，必有保母教之；今國民之學步，亦當如是。此《民權初步》一書之所由作，而以教國民行民權之第一步也。

自西學之東來也，玄妙如宗教、哲學，奧衍如天、算、理、化，資治如政治、經濟，實用如農、工、商、兵，博雅如歷史、文藝，無不各有專書；而獨於淺近需要之議學，則尚闕如，誠為吾國人群社會之一大缺憾也。夫議事之學，西人童而習之，至中學程度，則已成為第二之天性矣；所以西人合群團體之力，常超吾人之上也。

西國議學之書，不知其幾千百家也；而其流行常見者，亦不下百數十種；然皆陳陳相因，大同小異。

此書所取材者，不過數種，而尤以沙德氏之書為最多，以其顯淺易明，便於初學，而適於吾國人也。此書條分縷析，應有盡有，已全括議學之妙用矣。自合議制度始於英國，而流布於歐美各國，以至於今，數百年來之經驗習慣，可於此書一朝而得之矣。

此書譬之兵家之操典，化學之公式，非流覽誦讀之書，乃習練演試之書也。若以流覽誦讀而治此書，則必味如嚼蠟，終無所得；若以習練演試而治此書，則將如噉蔗，漸入佳境。一旦貫通，則會議之妙用，可全然領略矣。

凡欲負國民之責任者，不可不習此書。凡欲固結吾國之人心，糾合吾國之民力者，不可不熟習此書，而遍傳之於國人，使成為一普通之常識。家族也，社會也，學校也，農團也，工黨也，商會也，公司也，國會也，省會也，縣會也，國務會議也，軍事會議也，皆當以此為法則。

此書為教吾國人行民權第一步之方法也。倘此書第一步能行，行之能穩，則逐步前進，民權之發達，必有登峰造極之一日。語曰：「行遠自邇，登高自卑。」吾國人既知民權為人類進化之極則，而民國為世界最高尚之國體，而定之以為制度矣，則行第一步之工夫，萬不可忽略也。苟人人熟習此書，則人心自結，民力自固。如是以我四萬萬眾優秀文明之民族，而握有世界最良美之土地、最博大之富源，若一心一德，以圖富強，吾決十年後，必能駕歐美而上之也，四萬萬同胞行哉勉之！

民國六年二月二十一日　孫文自序於上海

目錄

第八章　停止討論之動議

第九章　表　決

第十章 表決之復議

卷三 修正案

第十一章 修正之性質與效力

第十二章 修正案之方法

卷四　動議之順序

結　論

附錄　章程並規則之模範

卷一

結會

第一章 臨時集會之組織法

一節　會議之定義

凡研究事理而為之解決，一人謂之獨思，二人謂之對話，三人以上而循有一定規則者，則謂之會議。無論其為國會立法，鄉黨修睦，學社講文，工商籌業，與夫一切臨時聚眾，徵求群策，糾合群力，以應付非常之事者，皆其類也。

二節　會議之規則

嘗見邦人之所謂會議者，不過聚眾於一堂，每乏組織，職責缺如，遇事隨便發言，彼此交談接語，全無秩序。如此之會議，吾國社會，殆成習慣；其於事體，容或有可達到目的之時，然誤會之端，衝突之事，在所不免；此直謂之為不正式、不完備、不規則之會議可也。有規則之會議，則異於是：其組織必有舉定之職員，以專責成；其行事必按一定之程序，有條不紊；如提議一案也，必先請於主座以討地位，得地位而後發言；既提之案，必當按次討論，而後依法表決。一言一動，秩序井然，雍容有度。如是乃能收集思廣益之功，使與會者亦得練習其經驗，加增其智能也。

三節　會議之種類

會議有三種：其一臨時集會，為應付特別事件而生者；其二委員會，乃受高級團體之命令而成，以審查所指定之事，而為之解決，或為之籌備者；其三永久社會，為有一定目的而設者。此三者之分別，則如一、二兩種為暫時之會，其三為永久之會；又其一、其三為獨立之團體，而委員會則為附屬之團體。至於組織之不同，則臨時集會必當有主座、書記，各專其責，而委員會之書記，雖有用之者，然非必要，而主座常可兼之。但永久社會之組織，略同於二者之外，更加以須有正式舉定之職員，及一切之章程規則，並有定期之會議、標揭之意志、規定之人數。

四節　召集之通式

凡有同聲相應、同氣相求者，皆可召來會議。其法有以口傳，有用帖請，有登廣告於報上，有標長紅於通衢。其式如下：

敬啟者：茲值民國中興，宜張慶典。謹擇於十月二十五日，在新都成功大道民樂園開籌備會。凡我同志，屆期務乞光臨指示一切！此布。

發起人甲乙丙丁同啟

民國五年十月初十日

五節　開會之秩序

屆時群賢畢至，少長咸集。而丁君先將議堂預備妥當，設主座於堂上，堂前陳列一案，案前橫列眾椅。到者隨意擇座，互道寒暄。少頃，發起人甲君敲案作聲，要眾注意，遂起而言曰：「諸君！開會之時間已至，請眾就秩序！」（外國習尚，臨開會時，祇高聲號曰：「秩序！秩序！」眾則肅然就範矣）俟眾就秩序之後，乃再曰：「請諸君指名若人為候選主座！」仍立候眾人之指名。

六節　主座之選舉

有己君起而對甲君言曰：「我指名乙君當主座。」（己君對於甲君發言而不稱曰主座者，因彼尚未得為正式主座，不過權行其事耳，故不稱也）己君既坐，庚君即起而言曰：「我附和之。」遂亦坐。甲君尚立待，乃曰：「乙君已被指名為候選主座，又得附和矣，尚有其他指名者否？」稍待，又曰「尚有言否？」仍立待。

乃再曰：「如無別意，則樂舉乙君為吾人主座者，請曰『可』！」（眾人之贊成者，則答曰「可」）「其反對者，請曰『否』！」（眾人之反對者，則答曰「否」）若「可」者多於「否」，甲君當宣布曰：「選舉主座之案，已得通過：乙君當選為本會之主座。」遂坐。

倘答「否」者多於「可」，則其案為否決，而甲君當再請眾指名以備選；會中當照前法指名其他之人。

七節　被指名者多人

倘有於乙君之外另有指名他人當主座者，當起而言曰：「我指名戊君。」又有指名丙君，指名甲君，如是者數人。甲君立待，俟指名者各盡其所喜，而後按次先由乙君起，一一表決之，至得當選之人為止。甲君自身之被指名，亦提出己名於眾以表決，一如他人焉。因甲君之職務，為會眾之代理，以辦選舉主座之事，而待其本身亦如待他會員也。若用投票選舉，則於指名既齊之後，乃能投票。投票法後再詳。

八節　指名之附和

指名宜有附和，為一妥善辦法，蓋足見被指名者，非祇一人之樂意也。倘同時有指名多人，則附和一法，非所必要；但其事以何為妥便，代行主座者，可酌量變通辦理。

九節　選舉書記等

乙君既被選為主座，起而就座，立於案後，對眾人（或敲案要眾注意）言曰：「現在第一件事為選舉書記，請眾指名！」仍立而待。戊君起而言曰：「主座先生！」

十節 委員會

（此之謂呼主座所以討地位也）主座答曰：「戊先生！」（此之謂承認其發言之地位也）戊君既得地位，乃進而言曰：「我指名己君當書記之選。」遂坐。辛君即起而言曰：「主座先生，我附和之。」亦坐。主座略待，或問眾曰：「更有指名否？」少頃，乃進而照前選舉主座之法以表決之。己君當選為書記，即就案坐於主座之傍（案上當先準備文房器具），預備將所經之事、隨來之事，一一照實記之；不必記眾人之所言，但須全錄已行之事，或表決之案，而不得下一批評。

此時主座則將開會之目的宣布，為一長短適宜之演說，大略如下曰：「今日之會，為籌備慶典而設。諸君當知民國開基，甫經四載，則被移於大盜，幾至淪亡。所幸人心不死，義師起於西南，志士應於東北，舉國一致，大盜伏誅，天日得以重光，主權依然還我，中華民國，從此中興，四億同胞，永綏福樂。當茲幸運，理合申祝，故擬舉行慶典，以表歡忱。諸君對於籌備之事，當有指陳，此時則在發言秩序之中，本主座望各暢所欲言，備眾採擇，俾得速定辦法，幸甚！」言畢乃坐。惟一旦有人稱主座，彼當再起立承認之。當人發言時，彼可坐；但於接述動議，呈出表決，及詳言事實時，當起立。又凡有關於會中秩序及儀式所必要時，亦當起立。

以上各節，為臨時會議組織完備、著手進行之模範也。

委員會之組織與上同；惟書記一職，可以省之耳。若高級團體委任委員之時，已選定其主座，則開會時不必再選；否則於開第一會時，當由委員會中自選舉之。就事實上而論，先受委之人，未必即為委員長，但第一會當由彼召集其他之委員耳。委員會進行規則，後再詳之。

第二章 永久社會之成立法

十一節 立會

發起永久社會之第一回集會，其組織方法與臨時集會相同，但須訂立章程規則及選舉常任職員。

（演明式）譬如慶典會告終之後，與會者興趣未消，感情愈結，均欲成立一會，以助政治改良，而導社會進步。於是再集同人，從新發起，其進行程序一如臨時之會焉。

乙君被選為臨時主席，己君為臨時書記，主座既宣布開會宗旨之後，在會者各隨意評談，有贊成、有反對此計畫者。甲君於是起而稱呼主座，及得承認，乃曰：「我動議『發起一地方自治勵行會』，而在此會中，即須從事進行。」主座接述其動議，遂即正式討論，各盡所言，然後呈出表決。若得多數表決贊成，則為通過，而主座即宣布曰：「『發起一地方自治勵行會』之動議，已得可決矣。」斯時也，按法言之，雖為臨時集會，實則變為永久之團體矣。從此凡與會者，既盡共同所約束之義務，則當然為會員。

十二節 章程及規則

主座既將表決之結果宣布之後，乃繼而問曰：「本會今當如何進行，使團體之組織臻於完備？」庚君如法討得地位，乃動議委任委員三人，以草立章程規則。此動議既接述，經討論，乃呈眾表決。若得通過，主座當問曰：「用何法委任，由眾選抑由主座委？」壬君討得地位動議，或曰：「由主座委任」，或曰：「由眾指名」。若為前之動議，如法呈眾通過後，主座乃委任在會之三人，曰：「本主座今委任戊先生、壬先生、己先生，為起草委員。」若為後之動議，呈眾如前通過後，主座乃請眾指名，而接之以呈眾表決，一如選舉主座之法焉。

選舉職員，亦如前法。可動議交委員審定，備造職員名冊，或動議由眾指名候選。若交委員審定，則被委者或即退於別室，詳細審定，而即報告；或俟下會然後報告；更或飭令將職員名冊抄錄，或印刷多份，備為選票之用。

至於章程規則之起草委員，必待下會而後報告也。

以上各事，為發起一會之所必要，而不能稍為忽略者。如是暫成組織，隨而逐步進為永久之團體。第一會當決定下會之開會時間、地位，乃散會。

第一次會議所委任之起草委員，自行集會，將章程規則草就謄正，準備報告。於下期開會時認可記錄之後，第一件事則為起草委員之報告。主座要請之，而委員長宣讀之。先讀全文，俾會員知主旨之總意，後乃分條而讀之。每條當詳細討論，或加修正。第一條議定之後，主座則曰：「今開議第二條。」每條皆如是云云，至盡而止。主座隨曰：「現在問題，在採用此章程為本會之章程，贊成者……」云云（如前之表決法）。規則表決式同此。

有模範章程規則一份，載於附錄，可為各種團體之張本。章程規則之要點，當包涵會名及其目的、職員及常務委員之數及其職務、會員之條件、取法之議則、法定之額數、修改之條例，與夫會中一切之要義。

十三節　職員

重要之職員，為會長、副會長及記錄書記。若有會費，則加理財、核數二職。如事繁則當有通信書記及副書記。倘其事件為集會時所不能辦者，則當舉董事辦之。至若小團體，而目的在互相資益，而不勤外務者，則一切事務當以全體會員辦之，於集會時討論表決其大要，而細務乃授之委員。又此等資益會，其職員宜輪流充當，使各得練習其才幹。如是，則全體會員皆得與聞會事，於是感情益密，結力彌堅，而平等公正之精神亦油然而生矣。

十四節　職員之選舉

第一回會議所委之職員，指名委員自行開會審定，乃列單預備報告。於第二回開會時章程規則既採用之後，主座則著指名委員報告。該委員即起而言曰：「主座先生，本委員等謹報告如下：當主座者王先生，當副主座者丙先生，當記錄書記者己先生，當通信書記者戊先生，當理財者乙先生，當核數者甲先生。」云云（以至章程中應有職員，盡倣此開列）。讀畢，將人名單交與主座，遂坐。

會中規則，各有不同：有規定於指名委員報告之後，同時選舉者；有規定於接報告之後，下期始選舉者。倘為下期開會始選舉者，主座於收接指名報告之時，當申言曰：「諸君已聞委員報告候選職員之姓名矣，選舉之期在於下會某某日；倘有不合意者，此時可另為指名，以備下會附入正式指名者之後而當候選也。」倘為同時選舉者，主座當曰：「諸君已聆委員報告，意見如何？」云云。此種報告，不必另有動議以收接或採用也。此時在指名秩序中，倘有他指名者，適可行之（詳下節）。

選舉時至，主座發言曰：「今當選檢查員。」辛君隨而討得地位，曰：「我動議檢查員由主座委派。」此動議即呈眾表決。得通過，主座即委癸先生及子先生為檢查員。彼等受命後，即分派候選人之名單，以作票用，或空白條紙亦可。會員各將票準備，勾去不合意之名，而加入其所喜者。檢查員以箱或他器收之，退而數之，記其結果。此事既畢，主座當擱置他事，曰：「檢查員已準備報告矣。」癸君於是將投票之結果宣讀如下：

所投之票總數二十一票

當選必要之數為十一票

會長票　辛先生得一票

　　　　王先生得二十票　理合當選

副會長票　子先生得一票

庚先生得一票

丙先生得十九票　理合當選

讀畢，將單交與主座。主座曰：「下開各位，已得大多數票，當選為本會職員。」彼再宣讀職員及被選者之名。經此宣讀，則成為決議，而書記即記錄其案，此案不能復議。

十五節　其他之選舉

倘指名委員，須即時報告，則無暇準備名單，而用白票，按職分選會員，隨所喜而書名，然後收而按名數之。或用複選之法，初選作為指名，其法如下：一、凡得票皆作被指名者；二、以二三得最多票為被指名者；三、以限得若干票以上皆為被指名者。三者之中，採用何法，須先表決；複選之法，最為公允，但略費時耳。

十六節　無人當選

若各職之候選者，無人能得所投票之大多數，則謂之無人當選。如是，必須再選，至得有當選者為止。例如選舉會長，所投票共得十九：王君得票十，丙君得票七，乙君得票二，此為王君得大多數為當選。倘王君所得少於十票，則為不當選，必當再投票，於是主座當曰：「候選會長者無人能得大多數，本會當再投票。」

十七節　大多數與較多數

大多數者，即過半數也；較多數者，即半數以下之最多數也。若祗得二份票，或二候補員之競爭，即大多數與較多數實無所別；若過二數以上即大異矣。如所投票為十九數，王君得九票，丙君得七票，乙君得三票；如是，則王君所得票為較多數，非大多數也。因十票乃為十九票之大多數也。較多數亦有得選者，如此則必於投票之先，已經表決乃可。但一切社會之職員選舉，最少須有過半票數乃能當選，庶幾合大多數之常例。惟在人民選舉官吏，則反乎此者乃為常例。因用大多數法，往往生出不便之事也，故有經驗之國家多不行之。

十八節　團體之成立

恒久職員選妥之後，當於下會就職。臨時可申言感謝會中之信任，並許盡其能力以服務，且當注意於會員之權利及利益，而平等承認之、尊重之。自此彼稱為「會長」或「主座」。職員選妥，章程規則訂妥，則其會即為成立，而可著手辦事矣。此時職員當就職，各司其事。倘無論何時，有當開會時而正式職員全然缺席者，則當宣布秩序時，無論何人皆可將秩序宣布，而使會中另舉代理主座並書記以攝行會事，此則猶勝於使會眾及演說者久待也。

臨時會與永久會，皆各有常規，以定其程序。其前者則多尚普通習慣，其後者則採自專家。各商團及公司會議，皆當循會議規則，而無論何家所定之法，適於各社會，皆適於各商團、公司也。

第三章　議事之秩序並額數

十九節　循行之事

開場議事，有三件必要之形式：一為唱秩序，二為宣讀及認可前會之記錄，三為散會。此外更有常務委員之報告，皆可稱為循行之事。此等事由全體許可，便可不用動議及表決之形式而施行之。但此等非公式之舉動，切不宜施之於此外之事，因雖於循行之事中，亦常容人反對非公式之舉動者。當開會之時，會長起立，稍靜待，或敲案而後言，曰：「時間已到，請眾就秩序而聽前會記錄之宣讀。」乃坐。書記於是起而稱主座，然後宣讀記錄，讀畢亦坐。主座再起而言曰：「諸君聽悉前會之記錄矣，有覺何等錯誤或遺漏者否？」略待，乃曰：「如其無之，此記錄當作認可。今當序開議之事為如此如此……」云云。倘有人察覺記錄之錯誤，當起而改正之。發言如下，曰：「主座，我記得所決定某案之事乃如此如此……。」倘書記以為所改正者合，而又無人生反對，書記當照錄之。而主座乃曰：「此記錄及修正案，當作認可成案。」倘有異議，或書記執持原案，任人皆可動議，曰：「照所擬議以修正記錄」，或刪去或加入何字。此動議經討論及表決，而案之修正與否，當從大多數之可決、否決而定之。主座於是曰：「記錄如議修正，作為成案。」

二十節　議事之公式

凡社會或會長宜採用議事之一種秩序，以為集會之標準，但其式可作通常用，非一成不變者也。其式如下：

一、請就秩序

二、宣讀記錄及認可之

三、宣布要旨

四、特務委員之報告
五、常務委員之報告
六、選舉
七、前會指定之事
八、前會未完之事
九、新生事件
十、本日計畫之事
十一、散會

以上秩序，各會可隨其利便及方法以變通之。會長每次當定一目錄，書明各件於秩序之下，以備開會時按序提出。次及新生事件之時，會長當問曰：「今日有無新生事件？」如其有之，當提出表決之，或臨時結束之，然後著手於本日之演說或其他之計畫事件。倘本日計畫定有一定時間者，到時而諸事尚未完結，除得多數投票表決「繼續進行」外，當作默許，立將諸事延擱至下期會議。總之，議事之秩序，一經認可記錄之後，便可由動議及表決隨時停止或變更之，以議特別事件也。

二十一節　額數定義

額數乃會議辦事之必需人數。在臨時集會，則額數問題不發生，無論到會者多少，皆可開會。在委員會，必得過半數乃成額。在長久社會，必當以法定其何數乃成額。如未有規定者，則必以大多數為成額。開會時必得過半數而後乃能辦事，不足額則祇有散會以待下期而已。

在立法院，其事為公共性質，其人員到會為當然之職務。而法院，又有強迫到會之能力，則額數以多為允當。至於尋常社會，則以少為宜，因其目的在事之能辦，所以當定少額，以備開會時必能達足額之數。如社友之數由五十人至百人者，其額數以九人為妙；若更少之會，則五人為額；若數百人以上之社會，亦不過十五人至十七人為額足矣。至於所定人數，又當注意於社會之種類。有種社會其社員非服務者，則人數雖多，而額仍以少為宜也。其要義即在凡會員皆有到會之權利之機會，故無論雨晴皆到者，當然得辦事之權利，以償其勞，而疏忽不到會之會員，當不得更有異議也。

二十二節　額數為開會前之必要

凡一團體既定有額數，則此額為開會辦事之必要條件。到開會之時，會長當數到會者幾人，連己能足額否。苟缺一人，則不能唱序開會，須待到足方可。倘待過時，尚無足額，眾可定散會之時，時到則散。下期之會亦如是，則到會者祇能談論事件，而不能動議、不能表決，而無事在秩序之列，此與不開會等。會員或可催請到來以成額，然不能使之必來也。委員會之開會，亦與此同例。

二十三節　開會後缺額之效力

以足額而開會，開會後會員逐漸離席，以至於缺額，則事仍照前進行。此其意蓋以為既得足額而開會，則開會後仍為足額也。當此情景，所辦之事可視為正當，且可進行至散會之時而止；會長無注意於缺額之必要，而可繼續進行。但若有人無論主座或會員欲提出缺額問題，則進行立止。主座可曰：「本主座要眾注意於缺額之事，而待動議。」或一會員起曰：「主座，我提出缺額之問題。」此時各事當停止，而數在場人數；倘有不足，即行散會。

二十四節　數額數之法

若額數為少數人，其出席、缺席，由主座及書記一數便明，眾人亦容易察悉。若額過大，當由檢查員或用唱名而數之，登記在場者之多少，便可立即解決額數問題矣。

立法會之議長（其會之額為大多數之議員，或多數之額數）可否由彼一人數在場之人數，尚屬一問題。此專斷之法，或為程序所規定之政黨團體所必要，但在尋常團體，則用唱名之先例，以定人員出席、缺席為最允當之法。

無論何事，可發生機會致會長有自然之趨勢而成其專斷之能力者，寧為限制，而不當獎勵之也。

第四章　會員之權利義務

二十五節　會長之義務

會長為全體之公僕，非為一部分或一人而服務，是故彼雖為一會之長，而非一會之主人翁也。彼以事體之秩序，而糾率會眾，使一切皆循公正平等而行。彼維持秩序及額數，如遇秩序紊亂之時，當立呼「秩序！」及議則錯誤，當立起糾正之。

二十六節　會長之權利

彼憑議則及會章以率眾，引導之而不驅策之，至達目的而已。會長之義務，當嚴正無偏，務使大多數之意趣得以施行，而同時又能尊重少數人之權利，俾事件得迅速公當之處分，而討論得自由不偏之待遇。賢能之會長當具三種特質：一、果毅之力，二、誠懇之意，三、體順之情。

至於詳細之節，主座當行其最宜於維持秩序之時，及適當於處分事件之事。彼於辦事，如接述動議、呈問動議及表決動議時，當起立，但討論時可坐。彼發言時，稱本會長或本主座。彼對於會員，當承認應得地位之會員，當接述合序之動議，而使之得機以討論。對於開會時，當候至足額，乃能進行；當依時開會，依時散會。彼當知何時為委員報告，而到時命之報告。彼當注意於特別指定之事，而於適合之時提出之。所有需要事件，必當了結之，或正式延擱之，而後乃能散會。

會長為社中或議場中人員之一，故當有發言及投票之權。但除關於必要之事外，此種權利常多放棄者。主座可遇事加以說明，並述布事實而已。至於親行討論，則當退讓主座曰：「請某君代主座」而暫為一純素會員，乃從事於討論。彼不必離其座位，但當以他人為主座，如他之會員先稱呼主座而後發言者。言畢，乃復其主座之職。

主座有權以處決誰為應得地位者，並有權以處決秩序之爭點。但如有不服者，則二事皆可訴之公決也。彼可不待動議，而將正式事件提出；又倘無人反對，可將循例之案，不得表決而宣布通過。且到時可由彼宣布散會。彼又可使會員將動議繕寫成文，又可隨意打消不合秩序之動議。

主座非受特別委任，無權參加於委員會，而委員亦無與磋商之必要。彼非受特別委任，亦無監督之權，而此等權亦以不授之為妙。主座之權，乃指導會眾，而使之能自治，而不在治之也。

二十七節　會員之權利義務

會員之義務，在竭能以助會長維持秩序。而維持之道，則當從自己始。如在會場，須戒出聲、戒傍語、戒走動，並戒一切之能擾亂會場而阻人言聽者。會員當依正式而動議，當持友恭而討論，當惟多數之是從。會員地位，彼此皆一體平等。表決之投票乃會員之權利，而投票當本之主張亦會員之義務也。會員討論之權利義務，第七章另行詳之。

二十八節　副會長並書記之權利義務

副會長乃備以若遇會長缺座或失能而代之者。彼之職務，與會長同，故當知會中之目的、之辦法與夫一切議事之行為。最好得會長常請彼幫理一切事務，以資練習，庶不致使之成為廢職。

記錄書記之職務，乃記錄當場之事，不必記錄當場之言，除非有特別命者乃錄言；隨後當將臨場記錄繕就正式議案。所有表決票數，須照當時結果抄錄，不容稍為更易。所有否決之動議，亦必錄之。凡有記錄，則作為案據，日後有所爭持，悉以記錄為準，而不以個人之記憶或主張為準也。故凡前會之記錄，必當復讀於下會，由眾動議，或投票、或默許，以表決認可，然後方能成為正式議案。書記有通告委員被委事之責，並管理各種擱置及延期案件。簡而言之，則幫助會長料理一切事務。倘書記於記錄中有錯誤之處，而記錄已為眾所認可者，則正誤之人，必要指出其錯點為眾所滿意者乃可。蓋以議案一經認可則成立正式案據，故必先修改錯誤，方許認可，是為極要之事。記錄經認可之後，書記當簽押於記錄之後，如下：書記某某。書記記錄之時，宜書之於冊，則不必再抄。若有改正之處，可於行間加入。如所有表決之事，非得全體所許，不能刪之。其他職員之義務，當由各會之需要，而從會則規定之各職員，當盡本職之義務；彼不當干涉他人，亦不容他人之干涉也。總而言之，記錄書記之義務，為專司記錄；通信書記之義務，為專理文牘。與夫屬其類者，各從而司之。若其他之事件，亦得指委其一以司之，或其務內之事件，亦可由投票或特別規定而分治之。會長當監督一切，但除糾正程序之外，不當干涉之。書記固不當授以重權，然而彼亦當自慎用其應有之權，而毋越分可也。

二十九節　全體之權限並缺席、廢置、特別會等之規定

夫一會之權力，第一為章程並規則，第二為各種之表決之專條與章程規則無抵觸者，第三為採定之議則，第四為議會之習慣。以上各條，以先後為施行秩序。

職員缺席：倘於會期內職員有缺席者，當早為另選新員以補之。如遇散會期內有缺席者，可待至開會時乃選補之，或於規則中定有專條以處理之。至於董事會之

缺席，宜否由董事團中自行選補，殊屬疑問。但委員會有缺席，則常可自行選補，因其為臨時之團體也。所有缺席職員，宜以他員暫代其職，以待新員之選舉，而新員一經選出之時，代員即立終止其職務。

職員廢置：職員有放棄責任或有隕越貽羞於一會者，可以多數表決，而廢置斯職。其廢置之法，當出於有附和之動議，而由投票以表決之如下：「動議宣布某某事務之職從此廢置」云云。此等廢置之事，獨關於是非利害之極端者乃行之，其他當待其職務之屆期告終為妙。

三十節　特務會議

在永久社會之會員，當知常期會開會之時及集會之地，故通告可以不必。但特務會則異是，必當照會中表決之規定。每會員發給正式通告，此規定必當勵行。在常期會得足額人數，則各種表決無抵觸於章程規則及前時之表決者，皆可施行。惟特務會則反是，所表決之事必先登錄於傳單，傳單所無之事則不能提議。特務會對於修改之事，較常期會格外謹嚴，而其程序與常會同。若有疑問發生，當就謹嚴之途以採決。特務會為應非常而設，當以少開為宜。

卷二

動議

第五章 動議

三十一節 動議

議場每行一事，其手續有三：其一動議，其二討論，其三表決。此三手續，乃一線而來；無論如何複雜之程序，皆以此貫之。動議者，為對於事體處分之提案也。欲在議場發生合法之提案，必當行正式之動議；倘隨意談話，或隨意擬議，而得一般之同意者，不得收約束之效力也。如命行一事，必有正式動議、正式表決，始足責成受命者之遵行也。凡隨意談話，祇足當動議之先導，而不能代動議之功能。故動議者，實為事體之始基也。

三十二節 處事之手續

以動議及表決而處事，重要之步調有六，其秩序如下：

一、會員起立而稱呼主座。

二、主座起立而承認會員。

三、會員發動議而坐。

四、主座接述其動議。

五、主座俾機會以討論，隨而問曰：「諸君準備處分此問題否？」

六、呈動議以表決，並宣布表決之結果。

倘動議有附和，則附和之步調在第三步之後。此步調未括於內者，以此非重要如他也。

三十三節 動議之措詞

動議之詞，以能達言者之意為主，各種詞句皆可用也。但動議當要簡明，而限定一題目。此書各章所演明動議之形式，不必強作模範，蓋此不過指導動議當如何發耳。發言者之開始，當曰：「我動議如此如此……」主座呈其動議於眾，當復述其言，一如動議者為是。但彼可要求動議者，將動議謄諸翰墨，或可令其再言，以期正確。倘動議者有詞不達意之處，主座接述之時，可為之修飾，但衹能改其詞句，而不能稍變其本意。倘主座有變其本意，則動議者當復述原語以糾正之。

三十四節 何時可發動議

各種普通動議，皆可於無他動議待決時發之。惟有特別之議術動議，則雖於他動議待決中，亦可隨時而發；此種動議，十四章詳之。惟當投票時，或當會員得討論地位時，則無論何種動議，皆不能發。在動議打消之後，則各事復回動議未發前之原來秩序。

三十五節 手續之演明式

設使地方自治勵行會適在進行之中，而會長循序開會，記錄既宣讀及認可之後，照辦事秩序以次及新事件矣。

辛君欲在會發起公開演說之議，乃起而言曰：「會長先生！」仍立而待承認。主座遂起而承認之，曰：「辛先生！」辛君由此得地位，進而言曰：「我動議『本會公開一演說會』。」遂坐。主座乃曰：「諸君已聽著辛先生之動議為『本會當公開一演說會』，此事當待諸君討論。」仍立而待眾之討論。如久無人起，主座當請之；仍不應，再勉促之以討論。當討論時，主座可坐。討論既畢，各盡所言，主座再起，曰：「諸君已預備處分此問題否？」倘無人再起討論，彼即將動議呈眾表決如後，曰：「動議為『本會公開一演說會』，諸君之贊成此動議者，請曰『可』！（贊成者應曰『可』）諸君之反對此動議者，請曰『否』！（反對者應曰『否』）」若贊成者為大多數，主座曰：「可者得之。」或曰：「動議已通過。」若否者為大多數，主座曰：「否者得之。」或曰：「動議已否決。」除有疑點及復議之外，則主座此一宣布便成決案；書記錄之，以為後日會中行事可作案據也。至其他之動議，如於何時何地開演說會、何人當演說員等等，皆同式發之、同式決之。略而言之，所有動議皆照此手續而行；惟屬於議術之動議，則有免卻或限制討論之事。

三十六節　附和動議

附和動議之習慣，常有視之過重，每有於動議尚不能正式發之及正式呈之，而亦力持動議之必需附和而後得付討論者，此乃以形式小事視為太重也。且近有立法院，如美國國會及馬斯朱雪省省會（編按：現今馬斯朱雪省常譯為麻薩諸塞州（Massachusettes state），省會則指州議會），皆不用附和，於此可見附和之事，漸失其用矣。經驗老練之團體，已覺免卻附和一事較為利便，蓋可減省時間，且適於平等之理，使人人在會中能同享發言之權也。

由此觀之，雖向來會議法家多主持附和為當務之事，而吾人則主張除關於不能討論之案、非正式之案及偏僻之案外，則不必太為拘守此舊習，但假權宜與主座，由彼定附和之需否，而後將動議呈之於眾也。

按以習慣，無論何人皆可隨意附和動議，但附和非屬必要之務。如無人附和，主座可以請人附和。除特別之案，主座可不待附和，而直呈動議於眾者。又主座覺於事有益，亦可自行附和動議者，此可免於請眾附和之煩也。在堅持必需附和之團體，其動議未得附和者，便作打消論。是故公正之主座，往往寧自行附和一正式之動議，而不願任其打消也。

三十七節 附和之形式

附和動議者，必待動議發後乃從而附和之。附和之事，固有正式行之；即起而稱主座，得彼承認，而後言曰：「我附和動議。」但附和本非重要之事，則每多以非公式行之，由坐而言曰：「附和動議。」主座遂曰：「某動議既發，並得附和。」云云。如動議為主座自行附和者，則彼所用之言詞與上同，或曰：「動議為如此如此……。」若在無需附和之時，主座當曰：「動議已發」或「某某君動議如此如此……。」若主座欲得場上之附和，當曰：「有人附和此動議否？」在堅持有附和之社會，則凡有此動議，議員當立時附和，而不必待主座之請求。此可省時，而免主座之再三復問也。

三十八節 極端之當避

常有兩極端為公正之主座所當避者：其一為打消無附和之動議，其二為過促將動議呈眾表決，而不假機以討論。

如第一章所言，職員指名之舉，當以附和為善，其故因指名之事，向無討論也。

對於附和規則，欲規定其良善者，祇屬此耳。附和此事，在常務當不必堅持；所可堅持者，則在指名之案，在不能討論之動議，並在申訴之事件。而在此書之演明式中，附和一事免而不用。各種社會，如有以此書為法則者，可任意採擇附和之去取也。

第六章 離奇之動議並地位之釋義

三十九節 收回動議之公例

動議既發，而未經主座接述者，本人可以隨意收回。若既經主座接述之後，則非全體一致，斷不能收回也。蓋既經主座接述之後，則動議當屬之全體，而不屬之本人也。且以全體一致而決會眾之意旨，實為最直捷了當之法；若不用全體一致，而用大多數以解決此問題，則既決之後，任一人皆可再發同一之動議也。如此倒而復起，徒為費時失事耳。又動議既經修正之後，則雖全體一致，亦不能收回。蓋此既經他種手續，則自有他種之作用也。倘動議既經附和，則附和亦必要收回也。動議既收回，則不必記錄之，以其與未發無異也。

四十節 收回之演明式

事件有至於討論之際，乃使動議者覺其提案之非要且屬無謂，而悔其所為者，於是彼可以收回之。其法如下：彼起稱呼主座而得承認，乃言曰：「我欲收回我之動議。」主座隨而接述之曰：「某先生欲收回其動議，有反對者否？」略待回答，倘無反對，即宣布曰：「動議已收回。」倘有反對者，其人當起而言曰：「主座先生，我反對之。」主座遂曰：「已有人反對，動議不能收回，仍在諸君之前，請從而討論之。」

四十一節 例外之事

上節所述動議，未經主座接述之前，則動議仍為個人所屬，發者可任意收回。然動議者皆有故而發，斷未有即發即收者。但間有為事實所關或時勢使然之事，為動議者所未知，而主座或他人轉主座示意，使動議者知其動議之無謂或不合時宜，倘動議者以為然，可乘時收回動議，而免生後悔。

四十二節 分開動議

一動議具有數段意思者，可於每段分作一動議，而一一呈出以表決。其分開之事，可由主座為之，如無反對，則不必表決。或由會員發動議，將動議分開；此案呈出表決，與他動議無異。譬如發動議為「由主座委全權委員三人，以審查公開演說會之問題。」此動議可分為四，如下：其一，委員以審查公開演說會事；其二，此委員為三人；其三，委員由主座派委；其四，委員授以全權。

此可假機會以便逐段討論、逐段修正，較之一起而處分一全部之複雜動議，尤能得迅速公平之效果。在級序之列，則分開與修正同等，見一百十六節。若主座決意不用動議而行分開事，則可將動議之顯明段落，一一分之，而呈出表決，便是。分開事之動議法，不過如下，曰：「我動議將此動議分開。」而不必詳其分法也。

若此議通過，主座則隨而分之，如上所述。

四十三節 對等動議

對等動議者，即兩動議同時有背馳效力之謂也。如否決此動議，便是可決彼動議，二者出入於否決、可決之間，毫無疑義；於是表決其一，即是表決其他也。演明之式，見五十二節。

四十四節　地位釋義

地位者，發言之權也。因言者必先起立，故西人議場習慣，通稱地位。此書亦沿之以為一術語，專為議場上有發言之權而說。凡議會辦事，必由動議以開其端，而動議者必先得地位而後能發言。本此秩序以集會，雖聚千百人於一堂，各盡所懷，自由暢議，無論事體如何紛紜，問題如何複雜，皆能迎刃而解、泛應曲當，決無阻滯難行、鬨堂搗亂之事也。

四十五節　地位之討得

地位既為議事軌道之初步，則動議者必先向主座以討地位，得地位之後乃能發言。是故地位者，對眾交通之樞紐也。握此樞紐者，主座也。是猶乎一城市內之電話機關也，握其樞紐者為中央電話局，凡欲用電話以通消息者，必先向中央電話局以接其樞紐，始能有達言之效。議員之欲發言者，亦猶乎城內之一家，欲通其消息於他處，必先聯絡中央電話局之樞紐，而向主座討其地位也。既得地位，而後對眾發言乃為有效，否則視為閒談，可置不理也。此地位之為用如此，而發言者有討得之必要也。演明式見三十五節。

第七章　討論

四十六節　討論之權

一動議既發，及為主座接述之後，會眾便可討論。此時主座之義務，當使之能得

利

完滿及公平之討論，又使會員各得同等討論權利；而一面又須有以護衛全體，毋使一二會員之討論時間有侵及全會時間。是以欲維持一適中之準則，一面可防止冗贅或搗亂之討論，而一面又可防止疏略之處分，則會中對於討論一事，當立專規以指導而調護之。

四十七節　討論之定義

以狹義言之，討論即對於一問題，具有成見，意趣不同，表決背馳，而下反對之駁議也。但以廣義言之，即包括對於問題一切之評論，無論其為反對與贊同也。凡會員於討得地位後，對於當前之動議有所發抒，而其所言皆當就題論事，不能說及個人（倘對於動議者有為莫須有之諷刺，或下誅心之論調，便為違秩矣）。又為當場之議論，而非作備之文章，方得謂之討論也。

四十八節　何時為討論之秩序

當前有正式動議，即為討論之秩序；若無動議，而作非公式之談話，不得謂之討論。而正式之討論，即動議之討論也。動議既發，一得接述，則討論開始。反之，動議一旦呈決，則討論立止。如主座問曰：「諸君預備處分此問題否？」若無人起言，則動議便由討論之秩序而進於呈決之秩序矣。此時則不能再有討論也，除非得公眾之許可，而由口頭或起立或舉手表決之，然後乃能回復討論於呈決之後也。若討論既經回復，則結尾投票，當分兩面而重複投之。若兩面已經投票表決之後，則無論如何不得復行討論。倘於宣布表決之後，再有異議，則為無效，蓋事已表決也。若有專條，則討論當為所範。又若停止討論之令已布，則雖全體一

四十九節　討論法演明式

致，亦不能復行討論矣。

譬如當地方自治勵行會開會時，有人動議「公開一演說會」。此動議已接述於眾前，適次討論之秩序，而主座請眾討論曰：「此動議今在諸君之前，本主座望各將所見詳言之。」寅君起稱主座，被承認得地位，乃進而言其贊成公開演說之意。所言當嚴限於本題範圍之內，而表出良美之理由。彼當避用模稜兩可之詞，並防止重複冗滯之語；又當注意於討論之詞勢，當先從寬處，然後步步迫緊，不可由緊而放寬也。至於無經驗之發言者，雖不能美滿以達意，而主座當勉勵之，使之盡意，蓋意思為重，而言詞為輕；言者不必以言詞之拙劣而向眾道歉，所發何言，由之可也。若發言者於討論中偶要說及他會員，則不當提其名，但說「在我左或右之會員」，或曰「我等之書記」，或曰「其他之發言者」，或曰「我之反對者」，或其他不屬個人之代名詞，以指出所說之人便可。西人議場習尚，會員彼此討論向不直稱姓名；如有稱之，視為不合會議規則。發言者言畢，即止而坐。倘無人即行繼起發言，主座當請之，曰：「此問題當詳加討論，諸君之有所見者，幸勿推宕，宜盡所欲言，為望！」主座對於會員，亦宜以不呼姓名為妙，除非有特別之人為專長於此問題者。蓋呼名之習慣一生，則有不被請者不敢發言，而欲發言者又必待於請。如是則自然流露之發揮為討論之價值者，為之阻礙矣。由此觀之，為主座者，倘遇人聲沉寂之頃，寧為稍待，以候會眾精神之活動，而不宜強人討

五十節　限制冗論之例

論，而指定誰當言者。久而久之，會員必有鼓其勇氣，起而發言者。由是相習成風，則必能各從其贊成、反對兩方面暢所欲言，至各盡其詞而已。及地位已空，主座乃問曰：「諸君準備處決此問題否？」倘仍無人起，便可呈出表決矣。

由上節觀之，討論之事似屬毫無限制，各人可隨時發言，而言之長短又各隨其所欲。此等辦法，若為專對於結束之事件及對於會員多不願發言之會，則誠為盡善盡美，且為一普通辦法也。公正賢良之會長，當能引人入勝，而使素來怯懦之人亦敢於討論。如是則限制之例，可以不必也。

但在於習討論為目的之會，而會員又屬有經驗者，或於特別之會期，時間為有限，而指定所討論之事又為眾所悅意者，則討論之時間宜有所限制，免一二人專攬討論之地。其限制之規則，或用之臨時，或用之久遠，俱隨所擇。此等規則，當嚴限言者之時間並秩序。其簡單規則，而為討論會所常用者如下：

一、非待所有會員輪流講畢之後，一人不能講二回。

二、一人所講，不能過五分鐘之久。

三、討論領袖，於開端時可講十分鐘，結尾時可講五分鐘。所定之時，可長可短。而結尾之論，不必定為領袖發之，如時間太短，則雖不用結論亦可。

此數條規則，已足為通常所需，主座當實行之。如有言過其時者，主座當起立敲

五十一節　演明式

案或搖鈴，且曰：「言者之時間已過」，以止之。倘言者仍不止，則以亂秩序視之。每值一人講完之後，主座當曰：「尚有發言者否？」

延長討論時間之習尚，非有異常之事，不宜頻行，以其與規則本意衝突也。倘欲延長討論時間，當有人起討地位而動議曰：「請將言者之時間延長。」若得通過，則討論者可繼續進行。總之，延長時間之事，既為勢所不免，則不如加採一例如下：

獲得全體一致之表決，乃可延長討論者之時間。

地方自治勵行會已進步至非公式之談話時，遂決意再進一步至正式之討論會。於是委一會員或數會員訂備有趣之論題，如建築道路、統一圜法、收回租界等論題為議案。而議案又須從正面主張，不可從反面主張，如當主張建築道路為有利，非主張建築道路為無利，方免亂論者及聽者之意，而使之有所適從也。論題定後，須選討論領袖二人至四人，或由眾指名，或由主座委任，辦法如下：第一正面，第一反面，第二正面，第二反面等。並當注意，使之各知其主討論之何面為要；又宜先行表決，以前節之條例為討論之準繩。

到時，主座曰：「今夕之計畫討論問題，為『主張以收回租界為救國之要圖』，而寅先生為第一之正面討論領袖，請先發言！」於是寅君起而稱主座，得承認，乃進而討論，至主座示以時間已完為止。而主座又曰：「戊先生為第一之反面討論

五十二節 駁論言辭

領袖，請繼發言。」於是戊君步寅君之後塵，討論至時終而止。而第二之正面領袖辛君繼之，第二之反面領袖再繼之。各領袖討論完畢之後，主座再曰：「今為會員討論之時，每人以五分鐘為限。」於是各盡所言。倘有領袖為收束之討論，則當取他會員之時間而為之。如其無之，則各人講完之時，便為討論告終之時也。此外，即時間已至及停止討論之動議，在秩序中亦皆為討論告終之時也。討論既終，主座即呈案表決如下，曰：「凡贊成『以收回租界為救國之要圖』者請起立！」待數完為止（贊成者即起立，而書記乃逐一數之，並記其人數）。又曰：「凡反對者請起立！」待數完為止（反對者即起，數之如前。書記遂將記錄交與主座）。主座宣布曰：「二十五人投贊成票，而三十人投反對票，此議失敗。」

（編按：此議之結果，網路文庫或坊間他版有作「通過」者，本書則以孫逸仙博士圖書館現藏之作者手稿複本，調整票數並將結果修訂為失敗）

凡討論者，對於問題當注重多聞博識、考察無遺，而論點當以誠實、適當、簡明為主。發言時當力揚本面主張之優良，而用公平之道，以發露對面主張之過失、之無當、之不公等等，方為妙論。

西人討論會中，常有表決問題之優良，兼而表決言辭之工妙者；亦有祇表決言辭之工妙，而不計問題為如何者。如是則投票者不計意之異己，祇審其發言之工妙耳。但此種習尚究非所宜，蓋以其為專獎辭華，而不重誠實也。

五十三節　競爭地位

前已言之，會員為主座所承認者為得地位，有發言權。在所定時間之內，若循序而言，無人能阻止之。但常有兩人齊起，同時稱呼主座。遇有此事，除非其一退讓，曰：「主座，我讓與某先生。」遂坐，否則主座當裁決之。其法即呼先起者，或言者之名便是。若主座有所疑，彼寧承認離座最遠者，或未曾發言者，或向鮮發言者，而捨其他也。若二人中，其一已起而稱主座，其一不過甫起或甫發言，則前者當得地位也。

倘未承認者，自信彼為應得地位之人，彼可堅持留立而言曰：「主座先生，我信我先稱呼主座。」或同效力之語。主座乃隨而言曰：「某先生（指承認者）肯讓位於某先生（指未承認者）否？」倘不肯讓，則主座當呈出表決，曰：「問題為此兩會員中誰為先起者，眾贊成某先生（指承認者）得地位，請曰『可』！」若得可決，則未承認之會員當復坐；若得否決，則彼得地位，而承認之會員復坐。此可不必再行表決，因表決其一，即表決其他，毫無疑義也。此為「對等動議」之模範。

若競爭者過於二人以上，則表決之次數，必至得可決而後止。此等動作，名之曰「競爭地位」，常見於立法院，而鮮見於一般社會也。尋常社會之會員，常慣順從主座之決斷，或彼此相讓。但此節之規則，對於不公平之主座，以及言者之有急要原因，則甚有用處。

五十四節 遜讓地位

在有趣之討論中，常有會員思欲間止言者，以「問一句話」之語。此容有出於誠意者，然常遇之事則為指出言者之失處。諸如此類者，或允，或不允。此等問話之間斷，倘言者允而「遜讓地位」以應之，而間之者倘欲連續發言，則彼失卻地位矣。如欲復之，必當由正式再討得乃可。例如寅君正在討論中，而卯君欲問一事，乃起而言曰：「主座，發言者允我問一話否？」主座起而言曰：「寅先生允讓地位，俾問一話否？」寅君如允，可曰「允之」。仍立而聽之，或答，或不答，俱可隨意。而卯君坐後，彼可再言。或寅君不欲其語論為人所間斷，可曰：「主座，我言畢之後，我當樂答所問。」遂進行，發言如初，而卯君復坐。倘被允人問話，彼有失卻地位之慮，又有失卻思潮之慮，而於事體之決斷，亦慮為卯君意見所搖動；倘彼之意見與己相左，尤不宜於此時允之也。在問話時，卯君可用下式：「我欲經由主座而一問發言者如此如此……。」云云。彼可乘時繼進，而自答其問題，而又為駁議，而不理寅君之仍立而待也。

卒之，倘卯君言之不已，寅君不耐而坐，則失其地位矣；而欲復之，祇從正式討之，或得一致之許可乃能也。此實為一嚴厲之習尚，然以既屬議規，當慎防之為妙。間斷之事，實屬騷擾，言者聽者兩皆不便，故不宜獎勵也。至於地位，非由自由遜讓，乃為權宜問題及秩序問題停止之者，則仍屬之其人，而不失卻也。倘該題解決之後，仍得復之。見一百五十一節。

五十五節　討論之友恭

友恭一事，當常在注意之例，然不可施之太過，以致有礙於一己之權利。不遜讓地位，非不友恭也，祇要以友恭之態而卻之耳。受人之讓，而握其地位，亦非不友恭也，祇求由公道而得之耳。

在美國國會有一習慣：允特種議員有優先權，如委員長、發案人等，於討論時皆假以超眾之機會、超眾之時間。此於國會或有所必要之處，而在通常社會則大非所宜。假以特別優權於任一會員，而使之凌駕其他會員，則討論之自由已為之失，而討論之安全亦為之礙矣。

五十六節　一致許可

有許多程序，本非公式，而由一致許可，得以進行者。如循行之事得以施行，秩外之討論得以允許，與夫一切非公式之事得以通過（本書隨處皆有引之），諸如此類，倘有一人反對則不能行矣，事件常有賴此全體一致而收其利便者。但此種習慣必須謹防，無使妄用也。又有特別手續非得全體一致不能行者，如收回動議及刪除記錄等事，凡此等事，其全體一致必當以確鑿得之，而不能擅行武斷也。主座當進行如四十節，或尤善者即曰：「此事須全體一致，以表決其贊成者。」云云。倘有一人反對，便屬不行也。

第八章　停止討論之動議

五十七節　停止討論

停止討論之動議，是否屬正式程序之一部分，尚無定論。又除各盡所言之外，討

動議之用法

論宜否停止，亦久成一未決問題。在大會場中，此停止討論之動議，視為不可少之件，蓋非此則無以防止纏綿之討論也。倘有用之非宜，亦易為大多數所打消。在小會場中，此動議以少用為宜；倘有常用之而致生討論之障礙者，或防止少數人之發揮意見者，宜定條例以限制之。若無專條以限制之，則用之者固視為議場所應爾也。凡社會欲立限制之條件，宜以三分二之表決為妙，此可防範僅僅之大多數以阻止討論也。美國國會之元老院（編按：即現今之參議院）、紐約省會之元老院（編按：即現今紐約州議會之參議院），及馬斯朱雪省省會之元老院（編按：即現今麻薩諸塞州議會之參議院），皆不用停止討論之動議，但其內之各附屬會用之。凡有社會不喜用此動議者，可規定特別條例如下：「本會禁用停止討論之動議。」

五十八節　停止討論

動議之效力

前已言之，若無條例以限制討論，則討論必繼續至各盡所言，或至時間已屆，而主座發問「諸君準備處分此問題否？」之後，方可自然停止。若欲隨時停止討論而行表決，其法當用停止之動議。此動議既發，及經接述之後，雖未得表決，而本題之討論當立即停止。若停止討論之動議為表決所打消，則本題之討論可再復。若得可決，則本題當立呈表決。此動議有當注意之要點二：其一、為一簡單之停止討論動議而已。其二、此動議一發，議場即當立為表決兩動議：甲、獨立之動議（即討論中之本題），乙、附屬動議（即停止討論動議）。兩動議當各為表決，先行表決停止動議，倘得通過，再行表決本題動議。要之凡能討論之動議，皆受停止討論動議之規限。

五十九節　停止討論動議之討論

停止討論之動議，自身亦可討論，但限以時間，常以十分鐘為度，或立例以規定之，為不討論之列。討論此動議，無可多說，不過指明理由，何以本題不可立時表決而已，此可頃刻說畢也。倘言者討論此動議之時，而支吾入於本題之議論，則為逸出秩序，主座當立止之。

六十節　停止討論動議之演明式

地方自治勵行會當討論公開演說會時，己君以為討論過久而欲速行表決之，適寅君言畢而坐，己君循例討得地位而言曰：「我動議停止討論。」主座曰：「停止討論之議已提出矣，可否呈出本題？」若無異議，彼當繼曰：「贊成者……」云云。如有討論，則討論亦甚簡略，祇限於本題之應否即行表決之理由耳。如十分鐘已至，或討論告終，主座當曰：「討論之限已過，今當表決，贊成者請曰『可』！反對者請曰『否』！」云云，隨宣布曰：「案已通過，停止討論，當在秩序。」彼隨而呈出本題以表決，曰：「諸君贊成本會公開演說會之動議，請曰：『可』！」云云，如是則事件告竣矣。倘有人於停止討論秩序之後，仍思討論，便為犯秩序矣；蓋會中已決即行表決本題，則不容再有阻止之者。

若動議否決，主座當曰：「此案否決，討論當繼續進行。」討論於是復續，至再有停止動議，或至互相許可，或至散會，或至別種動議致本題立當處決而後止。

六十一節 停止動議與本題動議之別

當一動議在討論之中，遇有發停止討論動議者，即謂之為「附屬動議」。此動議當先行表決，如得通過，立即當呈本題以表決。此兩表決相續而行，不容有他事為之間斷也。

六十二節 停止動議對於他動議之效力

停止動議既發並接述後，尚有可行者為以下之事：可提起權宜問題或秩序問題之關於本題者，可動議散會，可動議休息，可動議定時開下期之會，可動議擱置本題，及可動議各種有關於本題之修正及表決方法。但停止討論動議既呈決之後，除不足額問題及表決法問題外，則無可阻撓本題之立決者，而各種問題皆須即行表決，不得再事討論也。

若有延期動議或付委動議在待決之時，而停止動議通過，則兩動議為之打消。其故因會眾表決停止討論之時，則必欲即行表決本題，而延期及付委皆與此意抵觸也。惟修正案則不能打消，因此為成全本題也，但皆不得討論，亦不得增加。其對於復議之效力，七十八、八十二兩節詳之。

六十三節 停止動議對於本題一部分之效力

停止討論之動議，能否施之於本題之一部分，向為會議學說之一爭點。有一說謂停止動議一提，則全部須為之停止，是以不能獨施於一部分也。但屬於事所必需，則停止動議當能施之於可討論者，而重要可討論之附屬動議，為延期、付委、修正，及無期延期等附屬動議。若對於本題一部分而發停止討論，則必須明白說出，其式如下：「我動議停止修正問題之討論，或付委問題之討論。」如得通過，則

六十四節　定時停止討論

此一部分當立呈表決，而後再從事以討論他部分也。

停止討論動議之外，更有動議以定未來時間之停止討論也。此動議與他動議同，惟所異者，雖在他議待決中亦可發耳。時間動議，最妙能發於開始之前，其用處一面在防止纏綿之討論，而同時又使能得適度之討論。此動議之方式如下：「我動議限此動議之討論，至四點鐘為止。」其時間之長短，可以討論而修正之，乃呈表決。倘得可決，則屆時討論須停止，而即行表決本題。此時倘大多數尚欲繼續討論，則此案可以復議如他種動議焉。

第九章　表　決

六十五節　表決方式

表決與動議，原不能分離者也；故第五章所述動議，已連帶論之矣。今更重複詳之。討論告終之後，主座起而複述動議，呈之表決如下，曰：「動議為本會公開一演說會，諸君贊成者，請曰『可』！（可者應之）反對者，請曰『否』！（否者應之）」如可者為大多數，彼曰：「此案通過。」或曰：「此案可決。」或曰：「可者得之。」如否者為大多數，彼曰：「此案否決。」或曰：「此案失敗。」或曰：「否者得之。」主座最後之言，即為宣布表決，而議案於以成立。此謂之「口頭表決法」，或曰「用聲表決」。如兩方皆無人出聲，即為默許通過，蓋不反對則公認為贊成也。

六十六節 舉手並起立

用聲表決之法，為最簡便。但須數人數，則當用舉右手或起立之法為當。主座曰：「諸君贊成者請舉右手！」或曰：「請起立！」待至數畢。贊成者當如法應之，書記乃數之，而報其數於主座。對於反對方面，亦以同法處之。於是主座宣布曰：「十五人表決贊成，而二十五人表決反對，此案失敗。」獨依法表決者，乃數之，不舉手、不起立者，闕之。

六十七節 採法宜定

以上之表決各法，為普通集會所常用者，然開會時當採定其一，不宜同時並用數種，免致混亂耳目也。雖在永久社會中，會員慣用一法，而會長亦當先為指定何法，而後行其表決。若在臨時會議及複雜集團，則先事聲明用何法以表決更為不可少之事，否則會眾無所適從也。

六十八節 拍掌不宜用以表決

我國集會向有厲禁，故人民無會議之經驗之習慣。近年西化東漸，吾人始有集會之舉，然行之不久，習未成風，訛誤多所不免，則如以拍掌為表決是其一端也。拍掌為讚揚稱道之謂，中西習尚皆同也。乃吾國集會，多用之以表決，此則西俗所無也。夫既用之為讚揚，而又用之以表決，則每易混亂耳目，使會眾無所適從，故稍有經驗之議會，洵不宜用拍掌以表決之。

六十九節 兩面俱呈

表決必兩面俱呈，而主座又宣布結果，乃云決定。若衹呈之可決，而未呈之否決，或兩面皆已呈，而主座未宣布結果，則不得謂之完妥，不能生合法之效力也。其無經驗之主座，常忽略之，而呈表決如下：「諸君之贊成者請曰『可』！諸君之

七十節　表決疑問

反對者請曰『否』！」而已，隨而忽略於宣布，此皆謂之不合法也。其合法之表決秩序如下：一、主座呈問可決者；二、可決者應之；三、主座呈問否決者；四、否決者應之；五、主座宣布其結果。

用聲表決，贊成與反對兩者之數所差不遠，結果難辨，則成疑問。若於兩者既應之後，而主座不能定何方為大多數，彼則曰：「本主座有疑，請贊成者起立！」待至數畢，其手續悉如六十六節。又如有會員不以主座之宣布為然，彼可生疑問，演明如下：一動議既呈表決，而主座以為可者多於否者，既而宣布曰：「已得可決。」乃有戊君以為不然，於是起而不待承認，言曰：「主座，我疑表決之數。」遂坐。主座從而言曰：「表決之數已見疑，贊成之者請起立！」待至數畢，云云，悉如六十六節。主座可用舉手以代起立，但起立則錯誤較少也。若在大會場中，則常有令表決者分為兩部，一往右邊，一往左邊。惟此種煩難之法，祇宜用之於不得已之時及臨時之會耳。在永久社會之大會，會員皆列入名冊，如有見疑時，當按冊點名，各隨名以應可否。他法倘生疑點，則此為最適當也。

倘用聲表決當時不生疑問，則主座所宣布，便作成案。蓋以會員不即起疑問，便作承服主座之決斷也。

七十一節　同數

當表決可者與表決否者之數相同，則名之曰「同數」。此案贊成與反對兩者相抵，故動議則為之打消。其理由為動議之通過，必要得大多數，今祇得同數，乃大多數之欠一，是以不能通過也。此法有一例外，見一百五十六節。

七十二節 主座之特權

若遇同數之表決，則為主座行使特權之候。彼可隨意左右袒，或加多一數，使案通過，或由之使自打消。倘彼為贊成其案者，當宣布如下，曰：「二十人贊成，二十人反對，本主座加入贊成方面，案得可決。」倘彼反對，則曰：「二十人贊成，二十人反對，而案打消。」

主座又可加入少數以成同數，以打消動議。倘表決為二十人贊成，十九人反對，而主座欲打消其案，則宣布如下，曰：「二十人贊成，十九人反對，本主座亦加入反對，而案打消。」

七十三節 主座有表決之權利

主座亦為會員之一，有同等表決之權利，但此權利除遇同數時之外，鮮有用之者，惟其存在則一也。而其惟一之例外，則為主座非屬會員之一，如美國副總統為元老院之議長，則除同數之外，本無表決之權；但元老院代理議長，本為元老之一，則有表決權也。

七十四節 點名表決

若用點名以表決，則主座之名亦按次與會員同時點之，而主座應名與否聽之。倘彼既應名，而得同數之表決，則彼不能左右袒矣，蓋每會員祇得一次之表決權也。倘彼尚未應名，而遇有同數，則彼宣布時可隨所喜而加表決也。

用聲表決、起立表決、舉手表決及分兩部表決，上已論之矣。而點名表決則與各法不同，蓋此法非由主座自行採擇，乃由動議及表決而定。若遇特種法案欲得記名，以便知誰為贊成誰為反對者，則點名表決為不可少者也。但點名表決，恐難得大多數之贊成者，故宜立例以規定少數（五分之一）人有要求之權利。此等條例，凡有集會多採用之，而永久社會亦當採用之。

到表決之時，或表決之前，如有會員欲記名表決，當照常討地位，動議「用點名表決」。此動議不討論，而呈表決，若得在場五分之一贊成，主座當宣布曰：「已得五分之一贊成用點名表決，則點名為刻下秩序矣。」書記遂起執名冊，逐名高唱；若不見應，則再唱之，但不三唱。每會員名字唱出之時，即應曰「可」或「否」。書記按名而記之：可者作一號於其名之右，否者作一號於其名之左；唱畢，將可否各名數之，而交主座宣布之。

七十五節　投票表決

若欲秘密，則當投票表決，其法已詳於十四節。此為煩緩手續，多用於選舉職員、委員及代表或收接會員等，及用之於關於個人而不便公然討論、不便公然表決之問題。投票表決之動議，其發起及呈表決，由大多數以決定，一如平常之動議焉。

七十六節　由少數或多於大多數以取決

尋常通例，贊成、反對之表決皆定於大多數，此除少數特別事件之外莫不皆然也。在用點名表決，祇需在場者五分之一。在改章程、修憲法及罷免會員等事，當需三分之二之數。而停止條例，當需一致之表決。及其他之事件，由僅僅大多數通過而致大不便者，須立以需更大多數之例以防範之，庶為萬全也。

第十章 表決之復議

七十七節 復議之定義

按之常例，凡動議一經表決之後，或通過，或打消，則事已歸了結矣。惟預料議員中過後或有變更意見，遂欲改其表決者，故議會習慣，有許可「復議之動議」，即推翻表決而復行開議也。其作用，則所以糾正草率之表決及不當之行為也。

七十八節 復議動議之效力

此動議若得勝，則其效力有打消表決，而使案復回於未表決前之狀況，以得再從事於種種之討論，然後再行表決也。此動議若失敗，則其效力為確定前之表決，而不許再有異議也。蓋會議公例，每一表決，在一會年內，非全體一致不得有二次之復議也。

七十九節 何時可發復議動議

此動議祇可發於同時，或於下會；若過兩會期之後，則不能再發矣。若發於同時者，可以立即開議，又可由動議及表決延至下期開議。若發於下期者，必當立時開議。但兩者皆無立時決斷之必要。倘此動議得勝，亦不過重開討論耳，而其受延期及他種行動之影響，則與他議案同也。倘此動議失敗，則表決案便得最終之確定矣。

八十節 何人可發復議動議

復議動議有一重要點，與他動議不同者：即他動議在場之人皆可發之，而此奇特動議祇有得勝方面之人乃可提出。其限制之理由，則以事既經表決之後，則失敗者固欲復議，而得多一次之表決以挽救其失敗，故常乘間抵隙，俟得勝方面人數減少之時提出復議，如是則對於得勝方面殊欠公平也。故為公平起見，當加限制於一方，誠為良法美意也。倘表決果有不當，則失敗方面之人自易說托得勝方面之人，以提出復議也。

八十一節　折衷辦法

凡一問題既經圓滿之討論、公平之表決，則一次已足矣。獨遇有特別重大之理由，乃有提出復議之事。故為之限制者，所以防止不時之復議也。此等限制，立法院及大會場多採之，以其屬乎公平適當也。倘有社會不欲用之，當訂立專條，規定凡有會員皆可提出復議動議也。

於二法之中，求一折衷之道，可望解決此奇特問題者，其法如下：「復議動議，若發於表決之同日，則兩方面之人皆可發之。如發於表決之下期，則祗得勝方面之人可發之。」如是乃可防止下期為失敗黨出其不意之推翻表決案，而於同日又不礙失敗方面之人發揮新義也。凡社會之欲折衷辦法者，可採此法以為專條也。

八十二節　討論復議

復議動議之討論，與停止討論動議之討論同，皆限以時間。以此種討論，除說明因何有復議之必要，則無可再說也。倘此討論費時太多，致有障礙於本題者，會眾便可請主座維持秩序而停止之矣。又停止討論之動議，亦可施之於復議動議，如他之獨立動議焉。如此即立將各種討論終止。若事已至此，則便知大多數之人已表示不願再聽，而決意不欲復議矣。

八十三節　得勝方面

得勝方面，非必為可決方面及大多數方面也。若一動議或一問題被打消者，即否

之釋義

八十四節　復議之演明式

決方面之人為得勝者也。若須三分二之數以通過一案，而其案被打消者，即得勝方面乃少數之人也。若兩造同數，而最後之人加一否決者，即此否決者為獨一之得勝人也。又若須全體一致以通過一事者，而一人梗之，此一人即為得勝方面。

倘須復議，則祗此一人乃能提之也。

設使地方自治勵行會已通過之案為「本會公開一演說會」，曾經正式表決而記錄在案，則其事當然歸於結束矣。乃有甲君以為其事決於倉卒，或欲表示其不合時宜之理由，故於同時或下議期討得地位而言曰：「主座，我動議復議本會表決『公開一演說會』之案。」言畢遂坐。而主座乃曰：「復議動議祗可由得勝者發之，倘甲君為表決是案之得勝者，其動議方為有效，而在秩序之中。否則非是。」是時書記當翻記錄，如為點名表決者，則「可」、「否」必識於名下，一看便知甲君屬於何方。若無記名之表決，甲君當答曰：「我表決於得勝方面。」或曰：「我非表決於得勝方面。」隨其所行而言之。若彼不屬得勝方面，則彼之動議，不入秩序。除有得勝方面會員出於友誼，為之再提其動議，而主座當不為之接述也。最妙莫如甲君於動議時則提明如下，曰：「主座，我對於某某案乃表決於得勝方面者，今動議復議其表決。」

若甲君為表決於得勝方面者，主座當曰：「有提復議『本會公開演說會』之表決案，諸君準備處分之否？（隨或為一有限制之討論，各僅將其應否復開討論之理由陳之而已）贊成復議者請曰『可』！反對者請曰『否』！」若得通過，則曰：「復議得通過，請諸君將案復行討論。」若否者為大多數，主座則曰：「否者得之。」或曰：「復議之案失敗，公開演說會之表決，仍然確立。」

八十五節　不能復議之案

以下各案之表決，或通過，或否決，皆不能復議者：為散會之表決、擱置之表決、停止討論之表決、付委之表決（而委員已著手行事者）、復議之表決及申訴之表決、選舉之表決、投票之表決等是也。又表決案之已著手執行者，皆當然不得復議。

八十六節　復議動議宜慎用

復議之動議始自美國，其用處乃以應非常之事。如他法之能力已窮，而仍不能達目的者，然後始用之，方可謂為適當。要之，最善莫若先盡一切必要之討論，詳而議之，使無遺義，然後從事於表決，庶不致會眾有所藉口於復議也。總而言之，此奇特之動議務宜審慎少用為佳，故祇限於得勝方面也。

八十七節　取消動議

取消動議與復議動議甚相似，而兩名目常有混用之者，其實大有不同。復議動議，欲將表決之案再加詳細之討論，而後再行表決之。取消動議，乃直將表決之案取消，不復再議。又復議動議，當受限制，如前所述；倘得通過，則再將問題討論，而再行表決，如是則受兩度之表決。而取消動議，為獨立之動議，不受限制，人人能發之；倘得通過，則直打消全案，而無再行表決之事。簡而言之，其前者則將問題復呈於眾，其後者則將全案打消。

八十八節 兩動議之功效

復議動議之限制條例，不能假取消動議以免除之，其理甚顯也，否則其條例之維持作用全然失卻矣。且若藉此免除，亦殊欠公允。故事件一過復議期限之後，則不能以取消動議施之矣。惟向無一成不易之例，是以社會習慣以一年為一會期，今年會期所定之事，明年可以取消之。又由全體一致，則復議動議或取消動議皆可隨時發之，非此所能限制也。復議之本題，無論由大多數或大多數以下所通過者，而復議動議之表決，則必以大多數為定；而取消動議之表決數，必要與本題之表決數相同乃可。取消之方式如下：動議者曰：「我動議將某某案打消。」隨當討論，而後表決。倘得通過，即取消其案；若得否決，則其案得重行確定於今年之會期矣。

卷三

修正案

第十一章 修正之性質與效力

八十九節 修正之性質

以前所論皆單純動議，始終一成不變，而以原議為表決者也。然動議可隨意更改，或增加，或全變為一異式者。其改變方式或意義之手續，名曰「修正」。修正之作用，則以改良所議之事件。然所謂良者，人心各有不同，而修正之實習，乃任意改之。故所改之議案，雖與動議者之本旨及用意相反者，亦常有也。複雜動議之進行程序，與單純者無異，其提出、接述、呈眾、收回、討論等，皆與單純動議同一辦法也。

九十節 修正案須有關係

修正案祇有一限制，即所擬改易必須與本題有關係。所修正者，無論如何衝突，若與本題有關係，則不能不許也。倘另立題目則屬無關係，主座可行使維持秩序之權而制止之，會員亦可請主座維持秩序而令之停止。又修正案不得過為瑣碎或近乎痴愚也。演明式如下：地方自治勵行會正在討論一動議，為「委理財員往調查本城各會堂之價值，以備得一地址，為本會永久集會之所」。乙君動議修正，為刪去「理財員」之句，而加入「會長」之句；或修正為「會堂」之後加入「房屋」；或刪改為刪去「委理財員往」以後各句，而加「租一會堂為永久集會之所」。以上各句，雖有變易本題用意，然皆與本題有關，故謂之為有關係之修正案。但若使乙君之提議修正案，為刪去「為本會永久集會之所」，而加入「為應酬之地」，此則與本題不相類，可以「無關係」不入秩序打消之，因彼為純然一有別問題也。主座當曰：「乙君之修正案，為加入『應酬之地』以代『永久集會之所』，乃軼出秩序之外。蓋所擬修正案，與所議之本題無關係。本題乃覓一地為正式集會之所，而非為應酬之地也。」再若乙君動議為「本城」之後當加以「新都」，此當以「瑣碎」不入秩序而打消之。對於修正案之普通習慣，美國國會代表院（編按：即現今之眾議院）有簡明之規定條例，曰：「凡動議及問題與議中之本題判然兩物者，則不容有托辭修正而加入也。」

九十一節 修正案之效力

修正案之效力，乃呈兩動議於會眾：一為修正之動議，一為本題。因一問題當結構完備，乃呈出表決，故當先議修正案而表決之，然後乃從事於修正之本題也。（演明式）如八十九節，尚在議中，而寅君討得地位而言曰：「我動議修正為『會堂』之後加入『及房屋』三字。」主座曰：「諸君聽之，動議為『會堂』二字之後加入『及房屋』三字。」於是動議之讀法當如下：「委理財員往調查各會堂及房屋之價」。討論隨之，而衹及於修正案，遂付表決，如他案焉。倘得採取，則「及房屋」三字成為本題之一部分矣。而最終之付表決，主座當曰：「現在之所事，為修正之本題，其案如下……」（彼複述所修正之本題，而後呈之表決）。

九十二節 第一及第二之修正案

一修正案之外，更有修正案之修正案，即將修正之案再加以修正，如修正之對於本題焉。如是則前之修正案謂為「第一修正案」，後之修正案謂為「第二修正案」。

九十三節　第一第二修正案之演明式

前者為對於本題之修正案，後者為對於修正案之修正案也，由此而及於本題焉。其解決之級序，當先從事於第二修正案，因第二之修正案為結構第一之修正案，而使之完備。凡案必先完備，方呈表決也。故此案有三重表決如下：其一表決第二之修正案，其二表決第一之修正案，其三表決本題。

此為修正案之極端矣，不能再有「修正案之修正案」之修正案矣。有之，必生紛亂之結果。但一修正案表決之後，無論其為通過或打消，則其他之修正案可再提出，如是連接不已，此對於第一、第二之修正案皆然也。其理由則因修正案既表決之後，衹餘一動議（如為第二之修正，則餘二動議）於議場，而修正案之限制，本衹容三動議同時並立，即：一為本題，二為第一修正案，三為第二修正案。其原則為一修正案既通過之後，則便並合於所關係之動議而為一體，此動議則成為一新方式，而新方式則可作本題觀也。是以第二修正案既已表決，則其他之第二修正案便可提出。第一修正案既已表決，其他第一修正案亦可提出。如是者屢，以至於原動議結構完備，為大多數所滿意者，始呈出表決也。

地方自治勵行會在議之案，為「本會設一圖書雜誌庫為會員之用」。主座已呈此案於眾討論，而戊君欲提出修正案，其進行手續如下：

戊君起而言曰：「會長先生！」

主座起答曰：「戊先生！」

戊君曰：「我動議修正此案，加『新聞』二字於『雜誌』之後。」遂坐。

主座曰：「諸君聽著戊君之動議為加『新聞』二字於『雜誌』之後。如是，則此動議讀為『本會設一圖書雜誌新聞庫』。大眾準備處分此問題否？」

寅君起而言曰：「會長先生！」

主座曰：「寅先生！」

寅君曰：「我動議修正此修正案，加『每週』二字於『新聞』之前。」

主座曰：「寅君動議加『每週』二字於『新聞』之前，大眾準備否？」（隨而討論加入「每週」二字）

主座曰：「第一問題，為表決加入『每週』之修正修正案。諸君贊成者，請曰『可』！反對者請曰『否』！」遂宣布曰：「案已通過。其次之問題，為修正案加入『每週新聞』四字於『雜誌』之後，諸君準備否？（隨而討論修正案）贊成者請曰『可』！反對者請曰『否』！」又宣布曰：「已得通過。今之問題為修正之原案，即『本會設一圖書雜誌每週新聞庫以便會員之用』。尚有修正否？（若有之，則照前法提出）若無之，則贊成所修正之動議者，請曰『可』！」

學者須知，修正之討論皆限於當前之問題，但此限制，間有出入之處。即如修正案或修正之修正案，其關係與本題甚切者，則討論時每有申論至全題之必要。如是雖議長可限止，然鮮如此苛求者；但兩題若判然有別，則議長當立行制止也。

九十四節　同時多過一個之修正案

在有經驗之團體習慣，常許同時多過一個之修正案，各關於本題之不同部分。但無經驗之社會，則莫善於照普通習慣，一時祇許一修正案，俟解決其一，再從事其他。會議學家有言：「一修正案在解決中，則不能接受他修正案，除非後起之案為修正之修正案也。」

（演明式）如上九十三節所引之案，戊君動議修正案加「新聞」二字，而此動議當前待眾解決，而己君動議修正刪去「會員」二字，而加入「公眾」二字等語。主座對於此事，當曰：「同時祇能開議一修正案，己君之動議此時不合秩序。現在之問題，乃戊君之動議必當先行解決者也。且己君之動議引出一新問題，而此問題又非修正之修正案，是為不合秩序。」

九十五節　先事聲明

倘有欲為修正之案，而時不當秩序，彼可先事聲明，待機而動。此為準備其動議之路徑，而會眾得此聲明，先知其意，則於表決當前之事當更有酌量也。

（演明式）己君既動議如九十四節所云，而主座以違秩序打消之，但己君可進而言曰：「若是，則我欲先事聲明，到適可之時，我當動議加入『公眾』二字，以代『會員』二字。」言畢，乃坐。戊君之議案於是進行，至表決之後，己君乃討得地位，而提其修正之案，因此時已無障礙也。

此先事聲明之法，有特殊之妙用。如有第一、第二修正案已發，若再有人欲發其他，非待其前者表決則不能，故先事聲明，常可使表決者之意為之一變也。假如己君欲以「每日」二字加入，以代「每週」於「新聞」之前，但彼不能發此動議，因有第一、第二兩修正案尚在議中也。但彼可先事聲明曰：「我欲先事聲明，倘加入『每週』兩字之案被打消，我當動議加入『每日』二字。」如是則先示意於欲取「每日」者，使之於表決時可打消「每週」也。

九十六節 接納修正案

處分修正案之最簡便者，莫如本案之原動者接納所擬之修正案。但倘有人反對，則修正案不能接納，因主座接納之後，其案便成為公共之所有。倘無人反對，而修正案得接納之後，則成為本案之一部分，仿若本案提出者之原議焉，不必分開以表決。但原動者祇接納彼所同意之修正案耳。倘彼不同意，則當緘默不言，而聽其正式解決，如他種之問題，其得失任之本體之優劣可也，主座無庸問修正案之接納與否。凡修正案不得接納，並非失敗，不過另呈正式之表決耳。

（演明式）對於圖書雜誌庫之議案（見九十三節），乙君動議修正案加「新聞」二字於「雜誌」之後，正在討論中，卯君動議修正修正案加入「每週」二字於「新聞」二字之前。乙君若贊成此修正案，可起而言曰：「主座，我接納此修正案。」若無人反對，則其修正案成為「修正加入每週新聞等」，主座遂接述而表決之也。更有一限制，則凡一案或其案之修正案，若已受變更之後，則不能接納矣。譬如乙君之修正案加入「新聞」已再被修正，加入「小冊」，則乙君不能接納卯君之動議加入「每週」二字也。

第十二章 修正案之方法

九十七節 修正之三法

修正有三法：一、加入字句；二、刪除字句；三、刪除一分而加入他分以代之。（演明式）其一、加入式：「本會設一圖書雜誌庫為會員之用」之動議，正在討論中，酉君動議修正加入「輪貸」二字於「庫」字之前，或修正加「及其友」三字於「會員」之後，或修正加入「報紙」二字於「雜誌」二字之後，是也。其二、刪除式：同前案丙君動議修正刪除「雜誌」二字，或修正刪去「為會員之用」五字，是也。其三、刪除及加入式：寅君動議修正刪去「會員」二字，加入「公眾」二字，或修正刪去「圖書雜誌」而加入「期刊新聞」，是也。以上各條，皆為第一修正案，而每條可再加修正。

九十八節 宣述修正案之方式

主座呈修正案於表決，不獨複述修正案，且當述修正後之本案為如何也。三式之修正案，其宣述如下：㈠茲有動議修正加入某某字於某某之後，於是修正後之本案，讀為如此如此。㈡茲有修正刪去某某下之某某字，於是修正後之本案，讀為如此如此。㈢茲有修正刪去某某字，而加入某某字，於是修正後之本案，讀為如此如此。

九十九節 加入方法

一切語句與本題有關係者，皆可由大多數表決而加入。既加入矣，則以後該語句或一部分之語句，除由復議外，不能刪去，蓋議例凡同一之事件不能加以兩次動作也。惟其語句加入之後，若再受修正，而加入他語句於其間，則全部可由再一修正案以刪去之。

（演明式）其案為「本會設一圖書雜誌庫為會員之用」，正在會議中，而以下之動作生焉。寅君討地位後，曰：「我動議加入『輪貸』二字於『圖書庫』之前。」主座接述曰：「諸君聽著寅君之動議加入『輪貸』二字於『圖書庫』之前，於是其案讀為『本會設一輪貸圖書庫為會員之用』。」遂曰：「諸君準備否？」繼曰：「贊成者請曰『可』！反對者請曰『否』！」宣布曰：「已得可決，尚有修正案否？」

戊君討地位後，曰：「我動議加入『免費』二字於『輪貸』二字之前。如是則讀為『免費輪貸圖書庫為會員之用』。」

主座曰：「諸君聽著，動議修正案為加入『免費』句，如是則案讀為如此如此，贊成者……」云云。遂曰：「此案通過。」

戊君曰：「我今動議刪去『免費輪貸』四字於『圖書』之前。」主座乃複述之，而呈之表決。

戊君發兩動議之目的，乃在使寅君之加入「輪貸」二字之修正案，再得一次之表決，而意在打消之也。蓋修正案一旦通過之後，除復議外則不能再行表決，而復議之結果或無把握，故戊君動議加入「免費」二字，以取得多一次之表決；隨得通過，則戊君動議刪去全部。如是戊君乃得兩次之討論，而行兩次之表決，而使彼所反對之案，得兩次之機會以打消之。但寅君之動議，則殊無成見於中也。其理由以何而見許此重複行動，則因「免費」兩新字既採入於修正案之內，則其案已變成一異式問題，故作新案觀，而修正之限制不能加之也。

一百節　加入案之否決效力

反之，前節如擬加入之修正案得否決，則同式字句或其一部以後，不得再行加入。但既打消之字句，若加以其他字句而成不同之案，則可加入。如在議之案，寅君既動議加入「報紙」二字而其案已被打消，彼隨後可再提出加入「宗教報紙」，或「地方自治之彙報」。此雖屬於否決之修正案，而今則另含有他語，為新問題，而成一不同之案也。

一百零一節　改變意思之必要

最當注意者，所加入之字，必變易其打消案之意義或其界限，方得成為一新問題，從事討論。若祇改換其語句，而不變其性質，則不成為一新問題。而原有之事件既經打消，不能再從事於動作也。寅君不能動議加入「每日新聞」，因此等之字雖口語不同，而實與「報紙」無異，而此既已打消矣。但關於「地方自治之期報」，或「法政宗教報」等件異於報紙，而會眾當樂於表決此等有界限之件，而反對泛泛之件也。

一百零二節　刪除之法

刪除之修正動議，與加入之修正動議甚相切合，故從事其一，則必牽動其他，二者皆為一法所範圍。任何語句，皆可刪去，但同一事件或其一部分若已刪去，則不能再行加入，除非復議乃可。而已刪去之語句或其一部，若有他字混合而成一異種問題者，便可加入也。

（演明式）同問題在討論中，丙君動議修正刪去「及雜誌」三字，主座接述之，付之表決，而得通過。此三字於是被刪去，除復議外，不得再加入矣。但有己君反對刪去，而欲再行加入，彼可動議修正加入「小冊及期報之關於吾人之事者」各句；此中包有雜誌，但非純為加入雜誌之句，是以有別於已經處分之件也。

一百零三節 刪去修正案否決之效力

反之，前節若一刪去之修正案被打消，則所擬刪去之各字得以確立，而為原案之一部，除復議外，不能加以處分。但如牽入他語，則此部或其一分，可再動議修正刪去，蓋此為一新問題故也。在一百零二節之演明式，如丙君之修正案，刪去「雜誌」二字已被打消，其後彼可動議修正刪去「圖書及雜誌」，因此句雖含有打消之案，其實為一不同之問題也。

一百零四節 刪去案呈決之方式

主座於呈動議以表決時，多照述動議者之言而已。乃顧興氏之《議事規則》，則異於是，其式如下：主座呈動議以表決曰：「動議為由『書』字之後刪去『及雜誌』三字。今請問諸君『及雜誌』一句，可否成立為動議之一部分？」此其效力乃與常例相反；常例可者可之，此之可者，乃適以否決刪去案也。

顧氏之法，無甚理由，且易惑初學者之耳目，故多為他家所不主張。而本書所採用之法如下：

主座曰：「修正案為刪去『設』字後之『圖書及雜誌』五字，此句可否刪去？贊成者……」云云。宣布曰：「已得可決，刪去『圖書及雜誌』五字。」

一百零五節　所棄之字可加入他處

既經由刪去案而得可決，或由加入案而得否決，所棄之字有時可加入於本題之他處，惟必於本題另經修正，改變性質及其意義而成一新問題之後乃可。

一百零六節　不字

一修正案加入刪去「不」字，而使動議之意義適成正反對者，乃不能許可之事，如有為之者，則當以違序而制止之。由此而推，則凡有相反之字，使正義成為負義者，則不許加入也。若欲否決一案，當於處分時表決之而已。

一百零七節　刪去而加入之法

任何字皆可由一動議刪去，而任何字有關係者皆可補入其位。既已加入，則必照一百零二節所釋之條件，始可刪除。其動議「刪去並補入」乃為一案。申而言之，則為動議刪去，並動議加入，相合而成者也。如刪去甲字，補入乙字，則不能分為兩案（一刪去甲字案，一補入乙字案）。既以一案提出，亦當以一案呈表決。其理由則動議者有一表決，以補其字於刪去之字之位也。

若此案可分而為二，則刪去其字之後，而其位已空白，而他字非動議者之所欲，若加入之，則與動議者之用意相左矣。是故「刪去而補入」之案不得分而為二也。

(演明式)「設立一圖書雜誌庫為會員之用」之案，正在討論中，子君討得地位而言曰：「我動議修正刪去『會員』二字，而加入『公眾』二字。」主座曰：「諸君聽著子君之動議，刪去『會員』二字，而加入『公眾』二字，於是其案讀為『設立一圖書雜誌庫為公眾之用』，眾人準備處分此問題否？」云云；「贊成刪去『會員』二字而加入『公眾』二字者，請曰『可』！」云云。若得通過，則「公眾」代卻「會員」二字，而為原案之一部分矣。若有人欲刪去「公眾」二字，則必當提出復議，或用一百零二節之手續乃可。

一百零八節　刪去而加入修正案否決之效力

若刪去某語而加入他語之案被打消後，則除復議外，原語必當確立。但如有他事加入於原語，使之成為一別種問題，則間接可再受修正之行動。

一百零九節　替代

一新動議，如與在場之議案有相關者，可全部替代之。此簡而言之，即為刪去全案，而加入他案也。

（演明式）設書庫之議，正在討論中，酉君起而言曰：「我動議修正，將現在議案改為『委會長調查建設書庫需費若干，並辦理勸捐此費』。」主座曰：「已有人動議將議案改為……」云云。

現在問題，以為一動議代他動議，所擬之替代題不過一修正案耳。此案可加以修正，又可分之為二，以其含有兩問題也。當經過討論，如他案焉，然後乃呈表決。先表決修正案，後表決所修正之本題。此兩表決呈出如下：其一、「諸君贊成將案替代者，請曰『可』！」隨宣布曰：「已得通過。」其二、「諸君贊成所修正之本題者，請曰『可』！」宣布曰：「案已通過。」

第十三章　修正案之例外事件

一百一十節　款項及時間之空白

對於兩度之修正案不能再加修正之例，有例外之事件：即如數目問題，凡有擬改者，不限於兩度。各會員皆得隨意提議，悉當接納，而一一表決之。而第二修正案當在第一修正案之前以表決之例，亦不施於此。

數目問題，多屬乎款項及時間。若有一動議含有此兩種數目者，遇有他動議改易之，不作為修正案，而作為填補數目字之空位論。故所有提出數目者，主座或書記當一一記錄之，而後逐一表決；從最大之款項或從最長之時間起，而至表決其一為止。

（演明式）有動議「以兩點鐘為本會開會之時」。

主座既呈此案於會眾，寅君得地位而動議：「以三點鐘為開會之時。」（此非修正刪去兩字，而加入三字也。故主座仍進行接受其他之動議，以填空位焉）

卯君曰：「我動議『以兩點半鐘為開會時』。」

乙君曰：「我動議『以三點半鐘為開會時』。」

癸君曰：「我動議『以四點鐘為開會時』。」

主座曰：「今所議為本會開會之時間，已有動議以兩點、三點、兩點半、三點半、四點各案者。請諸君討論之！」

一百十一節 人名

主座曰：「諸君已準備處分此問題否？贊成四點鐘者，請曰『可』！」宣布曰：「此案失敗。贊成三點半鐘者，請曰『可』！」宣布曰：「此案失敗。贊成三點鐘者，請曰『可』！」宣布曰：「此案失敗。贊成兩點半鐘者，請曰『可』！」宣布曰：「此案通過。」於是填寫兩點半鐘入空位。再曰：「今贊成此案『以兩點半鐘為本會開會之時者』，請曰『可』！反對者請曰『否』！」宣布曰：「已得通過。本會開會之時間為兩點半。」

驟觀之「兩點半鐘」一句，得二度之表決，似乎不必。但第一度之表決，為修正案之表決，如一百零九節所釋之義，且表決於「兩點半鐘」者，非必隨而表決於本題也。又或有會員不欲限定開會時間者，亦未可定也。

更有顯而易見者，即如收費問題：會員中有贊成此項，而不贊成彼項者。設有動議捐十元為某事經費者，有議捐二十元、十五元及五元者，主座一一呈之表決。先從最大之數，既而曰：「十五元得通過，可補入空位。有贊成修正之原案，以捐十五元為某事經費者，請曰『可』！」如是則會員之反對捐款者，可有機會以表決打消原案也。其例第一表決，乃為填空位（即一種之修正案）而設也，而第二之表決，乃為原案而設也。

若有數人之名，皆受指名為同一之職務，此非照修正案之法辦理，乃照前節所詳對於款項及時間之法辦理。各名照指名之秩序一一呈之表決，先從原案或報告中所列之名起。演明式見第一章。

一百十二節　不受修正之動議

有數種之動議不得加以修正者，其要者如下：一、散會；二、擱置；三、抽出；四、停止討論；五、無期延期。其例凡案皆可加修正，惟修正致改變性質者則不得加以修正也。譬如「停止討論」之案，則不能再以修正為「停止討論於指定之時」也。

一百十三節　復議案

若一案已得通過之後，而欲復議此案之修正案表決，則必先復議本案之表決，而後乃能導入於修正案之表決也。

一百十四節　修正之秩序

前已論之，若同時有數起第一修正案加於一問題，則當照提出之先後而處分之。若有第一修正及第二修正案，則先表決第二修正案，而後乃從事於第一也。若為連續之問題合成於一者，如一會之規則等，則宜逐節詳議，按序修正，不宜逐條表決，因此有妨礙會眾重複再議也。若衹逐節修正，而暫置之，則於全部規則表決之前，可隨時再加修正，此常有必要者也。俟各節之修正已完妥，而會眾已準備，乃將全部之規則呈之表決，則必得完滿之結果也。

卷四

動議之順序

第十四章 附屬動議之順序

一百十五節　順序之定義

在此之「順序」二字，乃指處分動議之秩序而言。照公例，凡動議之順序，當以提出之先後為定。其先提出者，得先討論，得先表決。但有一種之動議出此例外，因其性質之異，其順序則在當前動議之先。而此種例外之動議，其中順序，亦自有等級。

一百十六節　獨立動議附屬動議

動議之不關連於他動議，其效果為呈一新問題於議場者，則謂之獨立動議。凡獨立動議之順序，當循公例之範圍，即一獨立動議祇能提出於無動議當前之議場，而一獨立動議解決之後，他動議方能入秩序。

附屬動議，可提出於他案正在議中而未解決之時。此乃附屬於獨立動議之下，而使之改變方式，或改變情狀。修正案及停止討論案，即附屬動議之張本也。附屬動議必當就於其所關連之獨立動議上施其效力。附屬動議中亦自有順序定例，有此先於彼者。其當先者，雖提出於後，亦能超出前者而得處分也。

一百十七節　七種附屬動議及其順序等級

附屬之動議有七，為議場中所常用者。凡學議者必當熟習之。二者已於其所屬之部而論之矣：其一為修正議，乃最要而最常者，第三卷專論之。其二為停止討論議，則關於討論之案，第八章論之。其餘五者，為散會議、擱置議、暫延期議、付委議及無期延期議，其先後之順序等級如下：

一、散會議
二、擱置議
三、停止討論議
四、暫延期議
五、付委議
六、修正議
七、無期延期議（或作打消議）

凡此附屬動議順序，皆在本題之前。即如當本題在議之時，有提出以上動議之一者，即當間斷本題，先從事於討論附屬動議而表決之，然後再從事於所變動之本題焉（見一百五十八節）。在於一問題討議中，若有兩人先後各提出七種附屬動議之一，其後提出者若順序等級在前，便可即行討議；若順序等級在先提出者之後，則不許之。即如有一獨立動議正在討議中，突有提出暫延期議者，既而此議在討論之時，其能再提出之議為散會議、擱置議及停止討論議；其不能提之議，為付委議、修正議及無期延期議。其動議順序列在當議中之附屬動議上者，則在超之之階級；其在當議中之動議下者，則在被超之之階級。若獨立動議，即本題與其數修正案俱在當議中，則除第七動議之外，各動議皆可提出。倘各皆就秩序提出，則當一一按順序以表決，而本題則暫為放下，俟各附屬動議解決之後，乃再從事

一百十八節 議案順序之演明式

也。

有動議「使地方自治勵行會速行籌備註冊」者。

戊君（略去討地位式，餘仿此）曰：「我動議修正加入『在暑假期』句於『備』字之後。」

主座曰：「諸君聽著修正案加入字句，如是則議案當讀如下：『使地方自治勵行會速行籌備在暑假期註冊。』諸君準備否？」（此案可討論）

癸君曰：「我動議付委籌辦。」

主座曰：「已有動議將案付委籌辦，此議順序在修正議之前，諸君準備為付委之表決否？」（可討論）

寅君曰：「我動議將此事延期一星期。」

主座曰：「有動議延期矣。」（可討論）

乙君曰：「我動議停止討論。」

主座曰：「停止討論議已經提出，可否即行表決本題？」（可為限制之討論）

甲君曰：「我動議擱置。」（不能討論）

主座曰：「擱置議已提出，贊成者請……」云云。

卯君（間斷之）曰：「主座！」

主座曰：「擱置議為不能討論者。」

卯君曰：「主座！我非欲討論，乃動議散會也。」

主座即改正曰：「散會議，今已在秩序。此議順序駕乎各議之上，今當先行表決散會議，贊成者請曰『可』！」云云。宣布曰：「此案失敗。今表決擱置議，贊成者請曰『可』！」云云。宣布曰：「此案失敗。今次及停止討論（即表決本題如得通過，則延期議及付委議皆無形失敗，而即從事於本題及修正案）。贊成者請曰『可』！」云云。宣布曰：「已失敗矣。諸君準備處分延期一星期之議否？贊成者請曰『可』！」云云。宣布曰：「已失敗矣。」

己君曰：「我動議無期延期。」

主座曰：「付委及修正兩議尚在場中，無期延期議未到秩序，諸君準備表決付委之議否？贊成者請曰『可』！」云云。宣布曰：「此案失敗。今之問題，為戊君之修正議加入『在暑假期』，諸君準備否？贊成者……」云云。宣布曰：「此案通過。今贊成修正之本案者，請……」

己君（間斷）曰：「我今動議無期延期。」

主座曰：「此議今已到秩序，諸君欲打消議案者，請曰『可』！」宣布曰：「打消議失敗。贊成修正之本案，即『地方自治勵行會速行籌備在暑期註冊』者，請曰『可』！」宣布曰：「已得通過。」

以上之演明式，乃表示附屬動議，除修正案外，各皆失敗時之效果也。其各皆通過之效果之演明式，後三章詳之。若有提出其中任一，而因有他案當前不合秩序者，則對付之法，一如己君之無期延期案也。各附屬動議既經一次失敗，隨後可再行提出，惟當間以他事也。例如擱置動議，可再提出於一動議之後，或於兩動議之間。所有附屬案，皆受順序之範圍，而討論則祇就附屬動議之本身從事，不牽涉入本題也。

一百十九節　七種附屬動議之目的

所提之動議，其順序若在其他案之前者，則他案不過暫擱，以俟超級之動議解決而已。若得否決，則其他當照秩序施行，如演明式焉。

其中之三（散會議、擱置議、暫延期議）之目的為緩遲行動，其中一種（停止討論議）乃催促行動，其中之二（付委議、修正議）乃整備或改變其事體，其餘一種為最終之廢置。而停止討論議之對於他附屬動議之效力，見於六十二、六十三兩節。

一百二十節　定秩序之理由

此種秩序乃由經驗得來，實為最適合於辦事原則，而使之公平迅速也；不能討論之案，居於能討論案之前，所以防阻滯也；本題之臨時變動，先得機會以處分，所以速結束也；討論適序，可以停止，所以避生厭也；至於求全備議延期，皆所以免造次也；最後則壓止，所以打消積案也。以上秩序，議法家間有出入者，亦有不守者。若社會有不欲採擇，可立專條規定其所棄者。總之，此為最簡便易行之法，故吾人主張之。凡領率議場者，當識之於心，或書之座右，以作津梁可也。

第十五章 散會與擱置動議

一百二十一節 散會動議

附屬動議，其在秩序之首者，為散會議，其處分順序超乎各動議之先。所以如是者，因會眾憑大多數之意，則有權隨時終結議期也。此議一出，當立即決斷，不得討論，並不得修正，不得擱置，不得付委，不得延期，不得壓止，不得復議，衹有表決而已。

一百二十二節 獨立之散會動議

散會動議為附屬動議之外，有時亦為獨立動議。其在各事完結之時或在無事之間而提出者，則為獨立動議也。但其受限制與附屬動議同，當得全體一致，乃可討論其因何不宜散會之理由。常有於會期終結之時，照例提出散會議者。但如有人提出權宜問題，指出尚有當議之事，則提者當即收回也。

一百二十三節 散會議之限制

通常有言：「散會動議，無時不在秩序。」其實不然也。散會議有不能提出之時如下：一、在會員得有地位之時；二、在進行表決之時；三、在表決停止討論之時；四、在一散會動議才否決之後，而無他事相間之時。此四條件，所以防止少數人之擣亂也。更有權宜問題及秩序問題，因具急要性質，故雖於散會議提出之時行之，亦合秩序。

除以上之限制外，則散會議當常在秩序之首也。

一百二十四節 散會

一會員照常例討得地位而言曰：「我動議散會。」主座曰：「散會之議已提出，

之效果

贊成者請曰『可』！」云云。宣布曰：「已得通過，本會散會至某日再集。」表決如有可疑，可提出疑問，如他案焉。

若散會之議失敗，則間斷之事再行繼續；若得通過，則間斷之事，下會當接續辦之。倘無下會，則散會之議即為打消在議之事也。若有一定之辦事秩序，一定之散會時間，則散會所間斷之事，下會可按次以未完件提出之；而提出之時，當就其間斷之點以開議。

一百二十五節　有定時間

在團體之規定散會時間者，屆時主座當止絕各事而言曰：「散會之時間已到。」隨而稍候（與機會使提議「延長時間」或提議「散會」），再曰：「本會散會。」若欲連續繼議，則當提出獨立動議以延長時間（至有限定或無限定），呈表決而按之以施行也。

若無規定散會時間者，則當提議「本會於幾點鐘散會」。此動議與其他獨立動議無異，並無優先順序也。

與散會動議並列者，為定期開下會之議。其有規定開會日期之團體，則不需此；其無規定者，則為不可少之事。故有謂定下期開會之議，應在散會順序之前。但此既屬可討論、可修正之議，則當不然也。若散會之議既提出，而無下次開會之期者，主座當喚醒提議者，以下次會期尚未曾定，而提議者當自收回其議，俾有提議下次開會期之機會，而留回其優先權以再提散會之議可也。倘彼不肯收回散會之議，則必當立呈表決；若非會眾不願再有下會者，即必否決之也。此動議之方式如下：「我動議散會，至下星期二日午後三點鐘再開會。」

一百二十六節　擱置動議

第二級之附屬動議，為擱置議。此議所以延遲最後之動作，而假以再加審察之時也。此議不得討論，不得修正，不得付委，不得延期，不得復議，而祇讓步於散會之議，並權宜問題及秩序問題而已。若遇失敗，可以散會議之同一條件而再提出之。

一百二十七節　擱置議之效力

擱置之議，乃將所議之原案及其附屬各動議一齊擱置之。此議不能施於案之一部分；若加於一部分，則當然加於全案也。倘此議得勝，則全案及其所屬之修正案，乃至所屬之附屬動議，皆從而擱置之，而另從事於他事也。

一百二十八節　抽出之動議

抽出之議，可於擱置之後立時提出，或可於稍後之同期提出，或下期提出。抽出之動議，並非附屬動議，是以無順序優先之權利，而與一般之動議同列。此議亦不能討論，其效力則恢復原案於間斷之點。若擱置之案，以後無提議以抽出之，則當然打消。又擱置之案，適遇會期告終，或至會年之末，亦終歸打消也。

（演明式）如一百十八節之案正在討議中，其附屬動議付委延期及停止討論已經提出，而最後甲君曰：「我提出擱置議。」主座曰：「擱置之議已經提出，贊成者……」云云。宣布曰：「已得通過，而本會籌備註冊之問題當擱置。今者會眾之意欲為何事？」（中有他事告竣）於是場中適無別案，甲君討得地位而言曰：

「我提議抽出『本會籌備註冊』案。」

主座接述其議，若得通過，則曰：「此案復在眾前，而第一問題為停止討論之動議。」彼乃進而表決之。若歸失敗，則其他之附屬動議，如延期、如付委、如修正，皆一一付之表決，最後則處分本題也。

主座於表決擱置動議，宜喚醒會員，以擱置問題非特擱置本題，而更擱置所附屬之動議也。

第十六章 延期動議

一百二十九節　有定時之延期

此動議列在順序之第四，其前者為散會動議、擱置動議、停止討論動議。當延期議在議中，如有提出本題停止討論動議者，則延期議便作截斷，而非暫擱。惟若提出散會議或擱置議，則適成相反。蓋此不過暫擱而已，而於本題再出現之時，此附屬動議當與之復現也。延期動議，其時間可得討論，並得修正，但不得付委、不得擱置、不得壓止並不得延期，除即時之外不得復議。此動議之目的，乃將事件延至所定之時，而使之得完滿之討議也。其對本題之效力，見六十三節。

一百三十節　其效力

此議一如擱置之議焉，皆擱起問題之動作也；惟擱置議則擱起無定期，此則擱起至一定之期而已。延期案至再提出之時，名之曰「特別指定事件」。延期一議，乃將全案延期，而不得延期一部分也。若延期議失敗，則隔一事之後可以再提出。

若延期議通過，則書記將所延期之事，收管至指定之日。到時則無論於何事在場，此指定之件皆為當序，主座當間斷他事而提出之。若主座忘之，則書記或他會員當為之提出也。

（演明式）今設同案在討議中，如一百十八節，已提出修正及付委矣。寅君討得地位而言曰：「我動議將案由今日起，延期至下星期二日午後三時再議。」主座遂曰：「此案已提出延期至下星期二日午後三時。」此議可以討論，可以修正其日時，然後如常而呈之表決。倘得通過（而非如一百十八節之被打消），則主座曰：「延期案已得通過，本會討論註冊之動議，當延期至下星期二日午後三時。」至下星期二日屆期之時，主座當停起他事而言曰：「指定討議本會註冊之案之時期已至。此事適當特別之秩序，請諸君討論之！」若有欲將他事先行完結者，則當動議：「將特別事件擱置。」若此議得勝，則指定事件擱置，以俟再提。若指定事件不受擱置（或再提出），則主座乃繼續曰：「此案之第一問題為付委之議。」（因此議正在討議中，而本題乃延期也）彼遂進而以付委之議呈表決，及處決其他之附屬動議，而後乃及於本題也。

若主座到時忘卻提出指定之事件，則任一會員皆可起而言曰：「主座，特別指定事件之時間非已到乎？」若指定之件祇有日期，而無時間，則統歸本日指定事件之列。

為指定事件所間斷之事，則不待有動議而暫置之，俟指定事件了結之後，乃復討議，或歸入下期，作未完事件辦理。

一百三十一節　此議之限制

定時延期之議，祇可作時間之修正，而不能為他種之修正。而有定時之延期議，不能改為無期之延期議，又不能定一非會期之日而為延期，蓋此則等於無期之延期動議故也。

一百三十二節　無期延期

質而言之，此動議非延期也，實一打消或壓止之動議耳。其作用乃以之為直捷了當處決本題者，而其順序列於最末，祇於無附屬動議在前，乃能當序。此議可以討論，但不能修正，不能延期，不能付委，不能擱置；若遇否決，則對於同一本題，不能再行提出。

一百三十三節　此議之效力

若此議勝，則直打消其本題耳，其效力等於本題之呈表決而得否決者也。又如以反例以表決一問題，其式如下：「諸君之不贊成者，請曰『是』！」此以是決之用於反對者，而以否決用於贊成者也。此動議常用之以試反對者之勢力如何，若反對者實為大多數，則此為打消議案之捷徑。以效力言之，則此議之別名可謂為「打消議」也。

（演明式）一百十八節已演明提出此議之方式矣。若己君之動議不被打消，而得通過，則主座當曰：「已得通過，而本會註冊之問題當延期至無定期。」此除復議外，便為了結其事矣。凡遇此而打消之問題，若欲再提出之，必當於下年開會方可為之也。

第十七章 付委動議

一百三十四節 付委

付委即付事件於委員以籌備或審查也。此動議之作用，乃欲將事件措置裕如，或將事件考求詳盡者也。其順序居附屬動議之五，祗在修正動議及打消動議之前而已。其受前列附屬動議之影響，同於一百二十九節之所陳，即為停止討論動議斷絕，而為他附屬動議所暫擱耳。此付委之議，可以討論，但不能延期、不能打消、不能擱置，而更不能復付委也。其單純付委之動議，不能修正。但有訓令之付委，或指出人數之委員，及如何委任之動議，則可修正。此議之復議祗可立即行之；若委員已定，而開始辦事，則決不能復議矣。若付委之動議失敗，則隔一事之後，可以再行提出也。其受停止討論動議之影響，同於六十三節。

同於付委之動議，則以「全體會員為委員」之動議是也。此乃以全體改為委員會，而對於所議之事作一遜公式之談話也。若欲全體為委員之時，當提出動議「以全體為委員會」。若得通過，則主座請他會員為委員主座，而彼則下場為一委員。於是，委員主座請眾就秩序，而開議付委之問題焉。在尋常社會，鮮有用全體委員之機會。全體委員會事另詳於一百四十節。

一百三十五節 付委

當事件在議中，而有付委議提出，若得通過，則其效力為以在討議之全案暫由議

議之效力

場抽出，而付託於委員之手。於是而成立委員會及授訓令與之，為必要之事矣。委員即接受其事，依訓令而行，酌量辦理，為各種之準備，而後乃報告於下次之會。至於付委之時，若有修正之議當前，而為付委議所收束者，則此修正議委員當照辦理，而並報告之；若得贊成，則加入本題，否則刪之。若為壓止之議，則委員當除去之，此外則無他種之附屬議矣。蓋其餘之四者，當必先行處決，而後方次及於付委之議也。

（演明式）籌備註冊之議，正在討論中（如一百十八節），癸君討地位而發言曰：「我動議付委。」或「將事付託與委員。」主座曰：「已動議付委矣，諸君準備處分此問題否？贊成者請曰……」云云。宣布曰：「已得通過矣。本會籌備註冊之議已付委員籌辦矣。但委員會應用幾人？」

戊君曰：「我動議以五人為率。」眾乃從而討論之。若有他數提出，則照一百一十節式而投票表決之。主座遂曰：「委員如何委任，由主座委之，抑由會眾委之？」會員於是動議曰：「由主座委任！」或曰：「由會眾指名！」隨呈表決。若為前者，則主座當於立時或稍間而委任五人為委員，其首名則為臨時主座。至委員會集，乃選舉其主座。若由眾指名之議得勝，則照六節與十五節所詳之手續辦理。此時委員當授以各種訓令，或假以全權。例如有動議如下：其一、「令委員與律師商酌本會註冊之事，而下期報告之。」此授訓令者也。其二、「委員當授以全權，以籌備本會註冊之事。」此付全權者也（參看一百四十一節）。

若有問題當付於常務委員者，其正式之動議為「將問題付某種常務委員」。如此若得通過，則其事歸於此種委員。蓋付常務委員之議，其順序在特務委員之議之先也。

對於單純「付委」之議，有以定限付委之議代之者。即如「以事件付之於主座所委五人之委員會」。此可以一動議而提出之，但有以之分為三動議（參觀四十二節），而每議單獨提出之為更妥者。定限動議之提出式及其效力，皆與單純付委動議無異，而受同一法例之約束，而其討論與修正可分段行之。

一百三十六節　帶訓令之付委議

若有提出之付委動議而帶有特種訓令於委員者，此等訓令，不能由動議內分開，而必須與付委動議同呈表決。若欲除去訓令，即為無訓令之付委，則當動議「修正刪去訓令」。設使有動議「將事件付之主座所委之五委員，而訓令赴律師請教」，此動議不能分為四段，祇可分作三段：一、動議付委而訓令之使赴律師請教；二、委員之數為五人；三、委員由主座委任。而第一動議，可提議「修正刪去訓令」，如是則成為一單純付委議，而此後其他之訓令隨便可加或不加也。總之，帶有訓令之付委議不能分開，實為成例也。

一百三十七節　問題之一部分

問題內之任一部分皆可付委，其他部分同時仍可繼續進行，但最終之處決，當待至付委之部分報告回答之後乃可。

一百三十八節　委選之事宜

向有流行之成見，以為提出議案者為同案之委員，則必當委之為委員長。但近來遵此成見者少，而不遵者恒多，蓋以其有礙於自由平等之則，故漸漸不用也。無論由主座委任或由眾指名，皆當就會員之留意其事者，或就才幹之適於其事者，而兼委一二新手以與有經驗者同辦事，為最適宜也。若提案者為一適宜之人，固當選為委員，而但不必定為之長。前曾言之，首名委員，除召集第一會外，不必定為委員長。而委員之人數，當以奇零為妙，以免表決之同數也。受委之人若不在場，當由書記通知。所有被委之人，當由首名委員通告召集第一會。

所有付委之案，暫時當停止進行，而會中當從事其他問題。委員報告手續，下章另詳之。

一百三十九節　獨立之付委議

除凡關於各本題之附屬動議之外，當無他案在議之時，隨就任何時而提出付委之議，此為獨立之付委議，而不享受順序之優先權，且更受各附屬動議方法動作之約束，以其自身為一本題也。

第十八章　委員及其報告

一百四十節　委員之性質

委員會為附屬團體，祇就其訓令之範圍內行事，而受節制於委之之會。委員既受委任之後，則會集而組織其團體，如四、五、九各節所詳者。

委員會之集議，照會議之常規，但可省略各種起立、發言及按序復坐之儀式。所

一百四十一節 委員之權限

議之事件，可以談話行之；惟一切動作，當以正式之動議及表決而處分之，當由書記存記作一合式之紀錄；若無書記，則委員長當筆記所有表決之事。衹有受委之委員，方能與於討議之列。會長及各職員倘未被委，亦不得參加於其列。而會長無監督委員之權，若彼欲於委員會試其運動或勸誘，則當拒絕之。委員會以大多數為額數。

全數之委員會，即以會員之全體而作一委員之會議而已。其會議之規則，即擱起正式之會期，暢行討論，不許提出停止動議，與夫委員會所常用之非公式行動，皆準行之而已。至會議告終之時，則全體委員退席，即行事之性質一變耳。會長復其座位，而再令眾就秩序。委員長則行正式報告於眾；而眾之處理此種報告，悉如其處理少數人之委員會之報告焉。

委員既受訓令，其權限衹在令行之事範圍之內。若付委之事件不帶訓令者，則委員審查其案之體裁，加入已通過之修正案，並貢獻所得，而適於會眾之討論及表決者。委員衹能照委託所事而行，當小心謹慎，毋得稍出其權限也。

若委員受有全權，則其行事有若一獨立之團體焉。會中已表決之事，而欲使此事之成全，則委委員以全權執行之，以竟其功。或在兩可之問題，而付委員以全權而處決之，而此處決則作為最終之定論。

（演明式）「本會籌備註冊」之議在討論中，有單純付委之議，已得通過。於是委

一百四十二節 報告

任委員，而將事託之。委員討議如何註冊之方法，而調查應辦之事宜。到時由委員長報告：「本會應要註冊」（或不必註冊），詳其理由及辦法。若其議為「將事付委而令委員向律師請教」，委員則照訓令而行，往與律師商酌，然後將律師所言報告於眾。同時或呈獻己意，聽眾採擇。

若動議為「將本會註冊之事付之委員全權辦理」，如此則委員當將註冊各種手續進行辦理，而事竣之後，乃報告其效果於眾。或審查之後，而以註冊之事為不適宜，而報告於眾曰：「本會註冊之事為不適宜。」若會中必欲註冊，則先表決本會註冊之事，而後委員以全權執行之。若如此，則委員惟有進而執行將本會註冊而已。

當委員之事務告竣，其主座或其他之受命者當準備一報告，將審查之各點並委員之判斷詳錄之。倘委員中有少數不同意者，亦可另作一報告，謂之「少數之報告」，包括彼等之判斷。報告當用簡單明白之言辭，有時須陳己見者，則統結以獻替之語。即如有委員承命「到街上調查會堂之租價及款式」者，當準備其報告如下：「本委員查得本市之各會堂租價如下：民樂會堂每日租價十元，崇德會堂每日租價十二元，自由廳每日租價八元。」云云，遂繼而曰：「本委員謹以第一會堂之價格及地位最為適當也。委員某某謹報。」又委員未帶訓令而審查一問題者，當報告如下：「本委員建議此案之語句，應如以下方式……」云云，或「本委員建議此議不當採用（詳其理由）」，並如上為結斷之語。

至帶訓令而行事之委員，其報告如下：「本委員已照所訓，而完其責，租得崇德會堂為本會集會之所。」

一百四十三節　報告之呈遞

委員或有訓令，使之報告於一定期之日者，則到期之時次及報告秩序，主座當令之報告。若無如此之訓令，則委員準備報告之時，承委報告之員在無議案當前之時，則討地位而言曰：「主座，某某事件，委員之報告已經準備矣。」主座曰：「今可否接收某某事件委員之報告？贊成者……」云云。若得否決，則委員當俟之遲日，而仍照同一手續以討地位而後行之。若得通過，則委員之代表曰：「承辦某事之委員謹呈報如下……」彼乃宣讀報告。

報告讀後，則委員之事畢矣，並不用表決以解其職，蓋其職與呈遞報告而俱完結也。從此則委員對於其事，亦猶乎他會員之不相涉也。倘再委之以續行辦理，則為另外一委員而已。

一百四十四節　要求報告

委員之報告，當繕就成文；報告之後，則將報告文呈交主座。而所報告事件之新方式，則為當秩序而受會眾之處分者也。

若到報告之時，而主座及委員俱忽略其事，則會員可動議：「請某某事件之委員此時報告。」倘此議通過，則委員必當報告；如不報告，自當詳說理由。若委員準備未完，當可請求寬限；如是則當有動議：「寬限委員之報告期，而令之於某某日報告。」若委員欲取消其職務，亦當有動議：「取消某某事件委員之職務。」

而得表決通過乃可。

一百四十五節　少數之報告

此為不同意者之報告，讀於正式報告之後，而不能與正式報告同效力，會眾可以不理者也。但若其確有見地，則可以之代多數之報告耳。此即與修正報告無異，而當以修正案順序行之。

一百四十六節　報告之演明式

本會註冊之問題，經已付委辦理，而委員會集討議準備報告。至值期開會，次及「委員報告」，主座曰：「今日有無委員報告？」

辰君曰：「主座，本委員之註冊事，已經準備報告矣。」

主座曰：「前令註冊委員今日報告，請諸君聽之！」

辰君遂讀報告曰：「本委員承命審查本會註冊事宜，茲報告如下：所有註冊事宜雖複雜，然有熟悉此事之人樂為相助，則進行亦易。而本委員詳審各情，註冊確於本會大有利便，誠如某會員所言，故獻議將本會從速註冊也。辰某謹報告。」

主座既接辰君報告之後，乃曰：「諸君已聽著委員報告及其獻議，對於『本會即行註冊之問題』已表示極為贊成。諸君之意如何？」此時為討論秩序，於是各討論本會宜否即行註冊事宜。

一百四十七節　復付委

若委員之報告有不滿眾意者，並若重新討論之後生出新問題，則事當復行付委於同委員或其他之委員也。「復付委」之動議，與「付委」同受一例之約束。

卷五 權宜及秩序問題

第十九章　權宜問題

一百四十八節　權宜問題之性質

第五章曾經論及，凡議場循規舉動，當由正式動議出之。但有時事件發生，有不能待新動議秩序之至者，如遇有破壞議則之事、發生錯誤之事與夫一切急要之事，必當立刻應付；而應付之方，則謂之為權宜問題及秩序問題。此等問題不屬動議，而超夫各動議順序之前，無時不在秩序之中，能間斷一切事件，並暫奪去言者地位，須待此問題解決後，當議事件方能復原。而事件復原之時，當由間斷之點繼續再議。權宜問題之順序，駕乎秩序問題之前。

此等問題，如非遇事即發，則其後不准追發也。然若就事而發，則當散會動議之中，亦准發之。凡權宜問題，若非急要者，則提出者既述明之後，主座可以打消之，如是即可減省其煩難也。至於秩序問題，必當就關於當議之事而發，方能准之（參觀一百五十二節及一百五十四節）。此問題對於散會動議，除動議者有犯四規則之一，如詳於一百二十三節者，則不能間斷之也。是故舉秩序問題者，乃改正動議者之錯誤也。

一百四十九節　權宜問題之定義

權宜問題，乃有關於在場之額外事件問題也。此問題之起，乃常起於關乎全會自身之權利，或個人自身之權利；其問題甚罕發生，而亦容易解決者也。十數年前在美國元老院發生一好先例：當秘密會議之時，疑有報館訪員藏於院閣之傍聽座，此為侵犯元老院秘密會議之權利者也。於是一元老提出權宜問題，而設法驅逐犯者出外。其他之例，如忽而燈光熄滅，或空氣不通，或有人擾亂會場秩序，或有會員即有遠行而欲速於言事，或報告而求優先權利者是也。又或有會員受不平之事者，或反對職員報告不確者。總之，凡意外之事，須即時應付者皆是。但起立為事體之說明，則不入權宜問題之列。會員常得許可占有地位而為說明者，非權利之應爾，不過友誼之通融而已。若有反對，則假時以便說明之事，當呈眾表決，而取大多數之同意，蓋說明不能間斷他事也。

一百五十節　效力

此突起之問題，判其是否確為權宜問題，則主座之特權也。會員欲舉此問題者，不必如發動議之先討地位而後發言，但起而言曰：「主座，我提出權宜問題。」主座當請提者述之。述後，主座立即判決是否確為權宜問題。若主座以為否，而提者不服，可訴之於眾。若以為是，則隨有動議，將事提出於眾，以備討論；或屬於特別事件，則不待動議，而主座自行將事處分之。此種動議，須即時討論，但非必即時表決，蓋亦猶乎他種動議可以擱置、可以延期也。當此問題發生時，諸般事件當停止進行，待此解決之後乃得復議，而會員之被間斷者亦得復其地位也。

一百五十一節　演明式

適寅君正在討論一事，而午君起而間斷之，曰：「主座，我提出權宜問題。」

主座起曰：「請該會員述彼權宜問題。」（此時寅君當復坐）

午君曰：「我雅不欲言之。但我等之坐在堂後者，實不能聞言者之聲，因有人交頭接語擾亂會場也。」

主座曰：「此當然視為一確正權宜問題。蓋本會之第一權利，則為暢聽所言之權利也。倘吾人有所欲言，請於得地位之時乃暢而言之，則無此煩擾也。本主座請該會員等保守秩序，而歸安靜。請寅君繼續再言！」

甲君起而間斷之，曰：「主座，我提出權宜問題。」

主座曰：「請述之。」

甲君曰：「外間有狂烈敲擊之聲，可否使守門者或他人一往察之？」

主座曰：「本主座當接受關於此事之動議。」

甲君曰：「我動議著守門者往察此擾聲之來由。」（此議呈之表決，而守門者受訓而行，將事回報，或自處決之。無論繼有如何行動，而當處分之中，諸事為之擱起）

癸君曰：「我提出權宜問題。」

主座曰：「請癸君述之。」

癸君曰：「我刻有要務他行，我已空候甚久，欲得機緣以一詢訓令，為我等書庫委員之辦法也。此事不能再候矣。」

主座曰：「此問題起之適當，諸君之意見如何？」

己君曰：「我動議當使癸君得盡其言。」（此議呈眾表決，而行動隨之。待事竣之後，則前所間斷之事復其進行）

第二十章 秩序問題

一百五十二節　秩序問題之定義

秩序問題與權宜問題之別者，在直接關係當議之事件，而有所改正，或完備其進行之手續者；如言語離題，或動議不當其序，或論及個人，或破壞議法，皆其類也。主座亦有出乎範圍者，如接其所不當接之事，或不接其所當接之事。以上各種破壞秩序之端，所以常因而生出秩序問題也。此問題除權宜問題之外，超出各順序之前。

一百五十三節　主座之職務

維持秩序及議額，為主座第一之職務。此非獨指全體之風紀而已，各會員有破壞秩序及違背議法者，皆當糾正之。若主座於此稍有忽略，則會員當提出秩序問題。

一百五十四節　秩序問題之效力

當秩序問題發生時，在議之各事皆為之間斷，至解決之後乃再復原。若會員在發言中而被擱止，則問題解決之後，彼仍復其位；除非彼自身亦受決而為秩序範圍之外者，如此有反對之者，則彼不能再事進行矣。

秩序問題進行之道，一如權宜問題焉。當時機之至，會員不待正式請得地位，可直起而發言曰：「會長先生，我提出秩序問題。」遂被請述之，述畢則坐。主座當酌斷其問題為適當與否，曰：「本主座以為此秩序問題發之適當（或發之不適當）。」此宣布謂之為主座之判決，而問題以之為定。如有不服者，可以申訴。惟此問題初不付討論、不呈表決，此其所以異於動議者也。

因秩序問題為直接關於當議之事者，是故必須立提出於其事發生之時；倘事過情遷之後，則不能再提矣。

一百五十五節　申訴

若會員有不服主座之判決者，可起而申訴曰：「我將主座判決申訴於眾。」此申訴須有附和，如其無之，則主座可以不理。若有人起曰：「我附和之。」則此問題由主座之判決，而移歸於眾人之表決矣。其呈此問題之方式如下：「主座之判決，可否即為本會之定論？」討論隨之。對於此之討論，主座有優先權。彼可不必離座而發言，詳陳其判決之理由等等，而後呈之表決，而宣布之曰：「主座之判決成立。」或曰：「主座之判決打消。」隨事而異。此表決即為最終之決議而不能復議矣。由此觀之，一切事件，最終決議之權則在會眾，而不在主座也。信乎議法家華氏之言曰：「申訴之權，為一切團體自由行動不可少之物。」必如此，則會長乃為會場之公僕而不為主宰也。

一百五十六節　申訴表決之同數票

前一成例，動議之表決得同數票者，則動議為之打消。但在申訴之案，得表決之同數票者，則效力適為相反，此乃維持之而非打消之也。如是則主座之判決，更因之而得成立。其理由為主座之判決，若無推翻之者則作為成立，而同數之表決票實為無效，則不能推翻主座之判決也。如此，則主座不必（多有不欲者）自行投票，以維持其判決之成立者。茲定此為例如下：「對於申訴案之表決同數票，乃成全『主座之判決可否成立』之問題。」

一百五十七節　順序

今復統括附屬動議之順序，列之如下：

㈠權宜問題
㈡秩序問題
㈢散會動議
㈣擱置動議
㈤停止討論動議
㈥延期動議
㈦付委動議
㈧修正動議
㈨無期延期動議

除此之外，更有他種事件，可於獨立動議在議中而提出者，其重要者如下：收回動議及分開議題之動議；舉發不足額之問題，規定表決法之動議；限制或申長討論時間之動議；定時停止討論之動議；定時散會及定時開會之動議；擱起規則之動議；暫作休息之動議。以上各動議，若發於需要之時，皆為合秩序，其順序在當前之獨立動議之前。

一百五十八節　秩序問題及申訴之演明式

地方自治勵行會適會議之際，序及於新事件，隨生如下之行動：

乙君曰：「會長先生！」

主座曰：「乙先生！」

乙君曰：「我動議於會期告終之日，本會舉一午餐會，以聯吾人友誼，想諸君必樂從也。」

主座曰：「諸君聽著有動議本會舉一午餐會於會期告終之日。」

己君曰：「會長先生！」

主座曰：「己先生！」

己君曰：「何不稱之為早膳？我動議修正刪去『午餐』二字，而加入『早膳』二字。」

主座曰：「諸君聽著……」

乙君曰：「會長先生，我歡納此議，我總求其有耳，如何稱謂所不計也。」

主座曰：「修正案已得接納，而今之問題為當舉一早膳為會期之結束。」

甲君曰：「會長先生！」

主座曰：「甲先生！」

甲君曰：「我反對此議，因將必多所破費，我知會友中多有力不能勝者，願本會為城中獨一不以飲食為題之會！試觀彼之好古會、詩人會、棋客會等常設晚餐會，我知彼等之所欲矣！」
主座起而言曰：「請該會員進歸秩序。彼之所言，出乎題目之外，蓋批評他會之行為非在秩序之中也。」
甲君曰：「甚善甚善，會長先生。我當勉而進於秩序，但我絕對反對此議！」
丙君曰：「會長先生！」
主座曰：「丙先生！」
丙君曰：「我絕對贊成之！吾人總需多少交際性質之物，乃可聯絡會友感情，使之親切如一家焉。蓋把盞言歡，每生同氣之感，捨此則結會鮮有成功者也。」
辛君曰：「會長先生！」
主座曰：「辛先生！」
辛君曰：「我提議將此問題擱置案上。我一人以為……」
主座曰：「擱置之議，為不能討論者，是故該會員為越出秩序矣！諸君準備否？」
寅君曰：「會長先生！」
主座曰：「請君言之！」
寅君曰：「主座既言擱置之議不能討論，又問吾人準備否，按此則為請人討論矣！」
主座曰：「此足見我會員大為省覺，但出之非甚妥貼耳。本主座所問『諸君準備否』，乃以機緣使散會動議或他秩序問題，順序在擱置議之前者，可以提出耳！諸君準備否？諸君之贊成擱置動議者，請曰『可』！」續而宣布曰：「此議打消。」

戊君曰：「會長先生！」

主座曰：「戊先生！」

戊君曰：「我提議延期此案之討議至一星期。」

主座曰：「已有提議延期一星期，諸君準備否？」

癸君曰：「會長先生！」

主座曰：「癸先生！」

癸君曰：「我提議將此事付委。其委員會由……」

戊君曰：「會長先生！我起秩序問題。付委之議此時不在秩序，因延期之案尚在議中也。」

主座曰：「此舉出之甚當。付委之議此時不在秩序，以延期之議之順序在前也。諸君準備表決延期之議否？贊成者……」云云。宣布曰：「此議打消。」

癸君曰：「會長先生！」

主座曰：「癸先生！」

癸君曰：「我今再提出付委動議，其委員會由會長、理財、書記三人組織之。」

主座曰：「諸君聽著此動議。本主座當從而分開之，先呈付委動議，諸君預備否？」

子君坐而言曰：「我以為吾人當在會中結束此事。」

未君曰：「我起秩序問題。」

主座曰：「請未先生述其問題。」

未君曰：「最後之發言者未曾起立而稱呼主座！」

主座曰：「本主座為之斷定此點舉得甚當。務望一切討論，必當以正式出之。」

子君曰：「我起而就正之！會長先生，我反對付委案，因過於假權與少數人也。」

主座曰：「會眾當可訓其委員於被委之後，諸君預備否？」

戊君寅君同時並起曰：「會長先生！」

主座曰：「戊先生！」

戊君曰：「我提議……」

申君曰：「我起秩序問題。」

主座曰：「請述其秩序之點。」

申君曰：「會長先生！寅先生先戊先生而起，或以彼座位太遠，而主座不之覺也。彼豈不應先於戊君而得地位乎？」

主座曰：「本主座當斷定此秩序之點提之不適當。本主座見兩會員同時並起，而已以地位與戊先生；今除非戊先生退讓耳！」

戊君曰：「我既得地位，則不欲讓之！會長先生，我動議……」

申君曰：「我將主座之判決訴之於眾。」

主座曰：「申先生訴主座之判決。今之問題，為主座之判決可否成立為會中之定論（討論可隨之）。諸君贊成主座之判決者請曰『可』！」宣布曰：「已得可決！主座之判決，成為確立。戊先生請復發言！所議問題為付委動議。」

戊君曰：「我動議本會此時散會。」

主座曰：「散會之議已提出。諸君贊成者……」云云。宣布曰：「此議打消。諸君贊成付委動議者……」云云。宣布曰：「此議打消。今本會欲再辦何事？」

酉君曰：「會長先生！我見得本會有等會員專圖打消彼所不樂之議案，而毫不假以討論之餘地，有一發言者為達此目的幾於無所不至也。」

戊君曰：「我起秩序問題。」

主座曰：「請詳之！」

戊君曰：「最後之發言者，侈言個人之事，殊出範圍！」

主座曰：「此秩序之點，舉之適當。請酉先生就本題範圍！」

酉君曰：「會長先生！我訴此判決！我已慎重不提名字，則並未有毫釐違及秩序也。」

主座曰：「申訴提出矣。主座之判決能成立否？贊成者……」云云。宣布曰：「不成立。酉先生已得表決為合秩序，可繼續言之。」
酉君曰：「我衹欲重要問題能得公平之討論，而我以為……」
亥君曰：「會長先生！」
主座曰：「亥先生！」
亥君曰：「我動議散會。」
主座曰：「有動議……」
寅君曰：「我起秩序問題。」
主座曰：「請詳之！」
寅君曰：「會員發言之地位，不能由散會動議奪去也。」
主座曰：「本主座斷定此點提出甚當，而散會之議為違反秩序。酉先生請復言！」
酉君曰：「我動議將全案由今天起延期兩星期。」
卯君曰：「會長先生！我起秩序問題。吾人豈非已經表決不延期乎？豈第二之延期議在秩序乎？」
主座曰：「新事件已中間之矣，第二延期議當合秩序也。諸君預備否？贊成者……」云云。宣布曰：「此議通過。而舉一早膳會之問題，延期作為兩星期開會日之指定事件。本主座望各會員到時當黽勉齊集，以得詳為討論為是。玆已次及散會時矣。」

酉君曰：「我提出散會。」

主座曰：「贊成者請曰『可』！」宣布曰：「本會散會。至下星期此日午後二時半再開。」

結論

以上各章所詳論之原理方式，足為領率議場者作指南之用矣。然欲為良議員者，徒誦讀之、研究之，猶未足臻其巧妙也。必須習練成熟，而後乃能左右逢源，汎應曲當也。欲議場之步調整齊，秩序不紊，則非常時開會演習議法不可。其演習之道，有假設議場以專行練習者，然不若乘開會之期而兼習練之，則更為一舉兩得也。凡社會其事由少數董事或委員辦理者，則會員鮮有機會以習練；倘另行隨時開執行會，使全體會員在場，而將事件提出加之討論與修正，而後處以最終之動作，則會員一年之所得，必勝於五年之研究及演習也。此書可備為個人研究及會場參考之用，且可備為同好者常時集合玩索而習練之。一社會中，其會員人人有言論表決權於大小各事，則知識能力必日加，而結合日固，其發達進步實不可限量也。

凡團體欲以此書為津梁者，可於其規則加定一條如下：「本會集議規則以《民權初步》為準。」如是則有疑點，皆以此書為折衷也。若有團體不欲全照本書所定之規則，便可另立專條，規定其會所欲行者，如是則關於此種事件可不必照此書所定也。此等專條，不必包括於規則之內，一記錄之表決案亦已足矣。譬如一會已採擇本書之規定為例，而又欲以動議須有附和，或以復議動議不當加以限制為適宜者，便可立例如下：「本會定以所有動議，須得附和，而後能接述之。」或「本會定以凡會員皆能提出復議動議。」但凡欲成為一純粹議範之社會，則不當捨去普通認定之議事規則也。

凡社會採定一書為範圍者，則凡於未規定之事，皆當遵守之；而其為專條所規定之事，則皆以專條為定衡。各會對於其所事或方法，當採專條以規定之。此等專條，或具於規則中，或立特別條例均可。惟須注意：切不可訂立條例與通行議場公例抵觸者，方為妥善。

更有一事，當為各社會之忠告者，則切不可因一時情面或他種理由，而設一先例，以致將來有礙一會之自由行動者。而於選舉職員更宜留意，庶免蹈此弊。如有不覺中陷於此等之惡習，則速改為佳。蓋先例非一成不變者也，其效力祇行於未得良法之前而已；如一旦得更良之法，則當以代之也。

再者，若一社會察覺其前時所行之事有不合通則者，則儘可由之，而不必追加改正，祇宜慎重不必行之於下次足矣。蓋當時既無人反對其事，則當視為正當，所謂「遂事不諫，既往不究」也。

附錄 章程並規則之模範

章程

第一條　會名　本會名為地方自治勵行會。

第二條　職員　本會舉會長一人，副會長一人，記錄書記一人，通信書記一人，理財員一人，核數員一人，董事若干人，演說委員若干人。每年選舉一次，如規則所定。

第三條　會議　本會每年三月某某日開週年大會一次，每月某某日開常期會議一次。會中一切要務，當在常期會議決之。除規則所定者之外，祇有會員方能到場會議。議場額數，至少七人。凡常期會，當由某某報登廣告通知。而特別會議，可由會員五人中請，會長即得召集，但每會員當專牒通知。

第四條　經費　每年某月某日起為預算年期，會員經費每人若干圓，限入會或預算期一月之內交足。如得過期，通告猶不交者，則停止會員資格。

第五條　會員　凡入會者，須得滿一年資格之會員二人介紹，於常期會議時報名。待一星期後，乃按名投票，如不過三票之反對者，則為當選。如有落選之人，則本年之內不得再報名。本會會員以若干名為限。

規則

第一條 職員之義務

第一節 會長副會長

會長當主持一切會議，並領率會員就事體之正式秩序，當擔任週年大會之演說，並辦理屬於其職務之各事。若遇會長有事不能到會，則副會長代理其職務。而副會長須隨時助會長辦理各事。

二節 書記

記錄書記辦理開會事宜，並記錄所議決各事，作一議事錄。通信書記當收會中各信，開會時向眾讀之，並答覆一切信函，保存會中文件，通知會員得被舉者，函催會員欠費，署名給發會員憑票，編掌會員名冊居址，並管理一切關於會員事件及文件。到週年大會之期，彼當將一年所經過之事及現在情形，作一詳細報告，向眾宣讀。以上各事，亦可責成記錄書記分任之。議事錄及文件，可隨時與會眾察閱。如會中有與他會及團體常通書信者，可多設一交際書記，專理與他團體交際之事。

三節 理財員

理財員當接收、催收、管理、出支一切會中銀錢，並當將所有收支銀錢開列詳細數目，作一報告，呈報於週年大會之期。

四節 核數員

核數員當查核一切單據及理財員之帳目符合否，作一報告，呈報於週年大會之期。

（若有董事會者則董事規則列於此）

五節 演說員

演說員分三部，每部設一演說員長。第一部，各國地方自治之歷史規模；第二部，關於地方自治之科學及經濟學；第三部，中國地方自治應辦事宜。某月某日為第一部之期，某月某日為第二部之期，某月某日為第三部之期。各演說員長當將其部一年之經過作一報告，呈報於年會之期。

六節　選舉

在某月之常務會期，會長當於職員之外，委派委員三人為指名委員，將來年職員指名造冊。指名委員當通告被指名者，如有辭卻，則當另指名以代之。於後三期會議，當將完備指名冊呈報於眾。至週年大會之期，當行投票選舉。倘有被指名而不得選者，當另選至職員滿數而止。凡入會不滿一年者，無被選資格。

七節　任期

除書記及理財兩職外，其他任期不得連任兩年，而一人不得同時兼兩職。惟隔任期一年之後，則可再得復其被選之資格。所有職員任期，至週年大會之日為滿。

第二條　會員

凡被選為會員者，簽名於章程並繳會費之後，則可領受本會之憑票而為會員，得享本會一切之權利，至年期末為止。此後再納年費，便可繼續為會員。每期會議，會員須當呈票，方得入場。

名譽會員可由會中酌量選擇。舊會員居於遠方者，可得為通信會員；倘來本城欲與會議者，可納臨時費便得入場。

凡會員欲除名會籍者，當致書通告通信書記便可。

第三條　外客

凡會員可領朋友同來會議，但須納臨時費若干，而每會員每次會議祇得許領二人。演說員每人給免票六條，不收臨時費。

第四條　會議法則

地方自治勵行會一切會議，皆以《民權初步》為法則。書記之外，非有本會特別命令，不得將本會會議報告發印。

第五條

本會章程及規則，在正式常務會議，可以到場會員三分之二之表決而修改之。但至少須於一會期前將欲修改之條正式通告，使眾周知方可。

第六條　擱起條例

本會之章程、規則內之條例，其可暫時停止者，遇有需要時可由全體一致而臨時擱起之，以便他事之進行，但不能擱起過於一會期以上。

議事表

說明：有無者，有可無可之謂也，如申訴有可討論、無可分開是也。數目者，例外之符號也；符號之說明，另列於表旁。

議案＼動作	討論	分開	擱置	停止討論	延期	付委	修正	無期延期	復議
權宜問題(一)	無	無	無	無	無	無	無	無	無
秩序問題(一)	無(二)	無	無	無	無	無	無	無	無
申訴	有	無	無(三)	有	無(三)	無(三)	無	無	有
散會	無(四)	無	無	無	無	無	無	無	無
擱置及抽出	無	無	無	無	無	無	無	無	無
停止討論	有(五)	無	無	無	無	無	無	無	有
延期	有	無	無	有	無	無	有(六)	無	有
付委	有	有(七)	無	有	無	無	無(八)	無	有(九)
修正	有	有(十)	無	有	無	無(十一)	有	無	有
無期延期	有	無	無	有	無	無	無	無	有
收回動議	無	無	無	無	無	無	無	無	無
分開動議	無	無	無	無	無	無	有	無	有
表決法問題	無	無	無	無	無	無	有	有	有
復議	有	無	有(十二)	有	有	無	無	有	無
休息	無	無	無	無	無	無	有	無	無
擱起規則	無	無	無	無	無	無	無	無	無
獨立動議	有	有	有	有	有	有	有	有	有

符號之說明

(一)凡出此兩問題外所發生之急要動議，則處分之動作與獨立動議同。

(二)得主座之許可可作評議，但除申訴事外，不能有討論之權利。

(三)申訴問題之自身，無可付委、無可延期、無可擱置者也。惟可隨申訴之本題，一同受此三種之動作。

(四)若在不定下會開會之期而散會等於終止者，則此議有可討論。

(五)得為有限時之討論，而其討論祗範圍於停止討論之自身，不能牽入於本題。

(六)祗有屬於時日者，乃有可修正。

(七)祗有屬於有附訓令之付委，為無可分開者也。

(八)祗有屬於有訓令之付委及委員之人數，有可修正者也。

(九)委員已開始進行，則無可復議。

(十)祗有刪去而加入之修正案，為無可分開。

(十一)有種修正案，其本題尚懸而未決者，有可付委者也。

(十二)復議已受擱置者，不能抽出其問題作為終結。

國父思想綱要　周世輔／編著、周陽山／修訂

從後冷戰時代開始迄今，蘇聯、東歐、中亞與東亞新興民主國家，分別面臨著經濟發展的困境、社會動盪、族群紛爭、憲政鞏固與民粹主義的糾葛。此一當代新局勢讓我們有一個嶄新的機會，重新檢視中山思想有關國族建立、民主轉型及社會經濟發展的相關學說，並對民族、民權與民生這三者的位階、順序及其爭議，有進一層研究與反省的契機。

中山思想新詮——總論與民族主義　周世輔、周陽山／著

周世輔教授遺著《國父思想》、《國父思想新論》、《國父思想要義》等書，多年來一直為國內學界所重視。為了使三民主義及國父思想能迎接時代挑戰，政治學者及當代思潮研究者周陽山教授，特別重新整理上述三書，並增撰詳細的注釋、導論、附編、參考書目及比較性素材，以及特別選編中山先生原著，合為《中山思想新詮》一書。期望能擴大三民主義與中山思想的研究視野，並從比較國際思潮及制度發展的角度，凸顯中山思想與學說的時代性意蘊。

中山思想新詮——民權主義與中華民國憲法　周世輔、周陽山／著

本書為《中山思想新詮》的第二冊，系統地探討了民權主義、五權憲法與中華民國憲法的相關內涵，並對當前的憲政改革問題，做了細緻的檢討。全書著重於對權能區分學說、國民大會的職能、議會內閣制的權力配置、五院關係、總統權力及基本人權等問題的深入探討。本書對中山學說、當代民主憲政理念及國際實施經驗之比較，著墨甚多，可供「憲法與立國精神」、「國父思想」、「比較憲法」、「中華民國憲法」、「比較政府」、「民權主義」等課程之研究參考。